Reiki Psíquico y Vampiros de Energía

La guía definitiva de la curación con las manos y la protección psíquica para empáticos y personas altamente sensibles

© Copyright 2023

Todos los derechos reservados. Ninguna parte de este libro puede ser reproducida de ninguna forma sin el permiso escrito del autor. Los revisores pueden citar breves pasajes en las reseñas.

Descargo de responsabilidad: Ninguna parte de esta publicación puede ser reproducida o transmitida de ninguna forma o por ningún medio, mecánico o electrónico, incluyendo fotocopias o grabaciones, o por ningún sistema de almacenamiento y recuperación de información, o transmitida por correo electrónico sin permiso escrito del editor.

Si bien se ha hecho todo lo posible por verificar la información proporcionada en esta publicación, ni el autor ni el editor asumen responsabilidad alguna por los errores, omisiones o interpretaciones contrarias al tema aquí tratado.

Este libro es solo para fines de entretenimiento. Las opiniones expresadas son únicamente las del autor y no deben tomarse como instrucciones u órdenes de expertos. El lector es responsable de sus propias acciones.

La adhesión a todas las leyes y regulaciones aplicables, incluyendo las leyes internacionales, federales, estatales y locales que rigen la concesión de licencias profesionales, las prácticas comerciales, la publicidad y todos los demás aspectos de la realización de negocios en los EE. UU., Canadá, Reino Unido o cualquier otra jurisdicción es responsabilidad exclusiva del comprador o del lector.

Ni el autor ni el editor asumen responsabilidad alguna en nombre del comprador o lector de estos materiales. Cualquier desaire percibido de cualquier individuo u organización es puramente involuntario.

Su regalo gratuito

¡Gracias por descargar este libro! Si desea aprender más acerca de varios temas de espiritualidad, entonces únase a la comunidad de Mari Silva y obtenga el MP3 de meditación guiada para despertar su tercer ojo. Este MP3 de meditación guiada está diseñado para abrir y fortalecer el tercer ojo para que pueda experimentar un estado superior de conciencia.

https://livetolearn.lpages.co/mari-silva-third-eye-meditation-mp3-spanish/

Tabla de contenidos

PRIMERA PARTE: REIKI PSÍQUICO 1
  INTRODUCCIÓN 2
  CAPÍTULO 1: EL *REIKI* PSÍQUICO EXPLICADO 4
  CAPÍTULO 2: ENERGÍA Y CHAKRAS...13
  CAPÍTULO 3: MEDITACIÓN Y VISUALIZACIÓN 29
  CAPÍTULO 4: TRABAJAR CON SUS GUÍAS 38
  CAPÍTULO 5: LIMPIEZA Y CONEXIÓN A TIERRA...........................47
  CAPÍTULO 6: DESARROLLAR LAS HABILIDADES PSÍQUICAS...........55
  CAPÍTULO 7: PRÁCTICA DE *REIKI* PSÍQUICO 1 - SANARSE A SÍ MISMO 64
  CAPÍTULO 8: PRÁCTICA DE *REIKI* PSÍQUICO 2 - SANAR A OTROS......75
  CAPÍTULO 9: PRÁCTICA DE *REIKI* PSÍQUICO 3 - SANACIÓN PSÍQUICA A DISTANCIA 84
  CAPÍTULO 10: ACTIVAR SU TEMPLO DEL TERCER OJO 91
  CAPÍTULO 11: CAJA DE HERRAMIENTAS PARA *REIKI* PSÍQUICO: CRISTALES, TALISMANES, BARATIJAS Y EL TAROT. 98
  CONCLUSIÓN 105
SEGUNDA PARTE: VAMPIROS PSÍQUICOS 107
  INTRODUCCIÓN 108
  CAPÍTULO 1: ¿ES USTED UNA PERSONA EMPÁTICA O ALTAMENTE SENSIBLE? 110
  CAPÍTULO 2: LAS LUCHAS DE LA ALTA SENSIBILIDAD 122
  CAPÍTULO 3: AURAS Y ENERGÍAS...131

CAPÍTULO 4: CÓMO IDENTIFICAR LAS ENERGÍAS TÓXICAS 140
CAPÍTULO 5: ¿QUÉ SON LOS VAMPIROS PSÍQUICOS? 150
CAPÍTULO 6: AUTODEFENSA PSÍQUICA 159
CAPÍTULO 7: AUTOCUIDADO Y ESTABLECIMIENTO DE LÍMITES 167
CAPÍTULO 8: CAJA DE HERRAMIENTAS PARA PROTEGER SU ENERGÍA 177
CAPÍTULO 9: RESTAURAR Y ALIMENTAR SUS DONES 188
CAPÍTULO 10: RETO DE 30 DÍAS PARA PROTEGER SU ENERGÍA 197
CONCLUSIÓN 209
VEA MÁS LIBROS ESCRITOS POR MARI SILVA 211
SU REGALO GRATUITO 212
REFERENCIAS 213

Primera Parte: Reiki psíquico

Desvele los secretos del desarrollo psíquico y la curación energética usando sus manos

Introducción

Muchas formas de medicina alternativa y terapias de curación energética han ganado popularidad en los últimos años. El yoga, la meditación, la fitoterapia y el *reiki* han demostrado ser métodos eficaces para ayudar a millones de personas en los EE. UU. y en todo el mundo a curarse y estar más sanas. En consecuencia, más personas quieren aprender sobre este fascinante tema, por curiosidad o porque esperan convertirse en practicantes de *reiki*.

Si usted es un psíquico, está familiarizado con el *reiki* y quisiera mezclar ambas prácticas para ampliar sus conocimientos, entonces este libro es para usted. Estos temas pueden ser complicados, especialmente para los principiantes, por lo que este libro los presenta de forma directa, para que tanto principiantes como avanzados puedan entender y relacionarse con el material.

Los principiantes encontrarán toda la información necesaria para comenzar su viaje psíquico de *reiki*. Encontrarán este tema detallado con términos sencillos que no confunden o abruman al lector. También se tratan temas relacionados, como la energía, los chakras, la meditación y la visualización para que esté mejor equipado e informado antes de emprender la práctica.

Queremos que este libro sirva como una guía a la que usted pueda recurrir siempre que tenga alguna pregunta sobre la energía o el *reiki*, o simplemente busque orientación. Por esta razón, encontrará varias instrucciones y métodos prácticos que puede utilizar mientras se sana a sí mismo o a otros. Un practicante especializado en *reiki* psíquico necesita herramientas como tarots y cristales para acceder a la energía curativa.

Algunos nuevos practicantes pueden no estar familiarizados con los elementos necesarios para una sesión de sanación. En este libro, encuentra toda la información necesaria acerca de las herramientas que se utilizan durante la práctica de *reiki*.

El libro contiene todas las respuestas sobre el *reiki*, la sanación y el desarrollo de habilidades psíquicas. Está hecho a partir de una investigación exhaustiva para proporcionar información precisa que le ayude a comenzar su carrera o a satisfacer su curiosidad. Aprender sobre un nuevo tema es un reto. Siempre hay confusión; cuanto más aprende, más preguntas tiene. Sin embargo, si su material de consulta proporciona información clara y detallada, tendrá más respuestas que preguntas y construirá una base sólida. Esta es la razón por la que nos aseguramos de cubrir todos los ángulos, para que usted se sienta satisfecho y realizado después de leer este libro y estar preparado para avanzar y alcanzar un nivel de experto.

Ser psíquico es un don, una rara habilidad que solo unos pocos poseen. Si es una de estas personas afortunadas, aproveche sus habilidades únicas para curarse a sí mismo y a los demás. Deje que este libro sea su guía para conquistar el mundo del *reiki* psíquico. No hay causa más noble que ayudar a la gente. Las enfermedades requieren médicos, pero las dolencias del alma requieren a alguien como usted, con un toque sanador. Comprender el *reiki* y usar sus habilidades psíquicas le permite ayudar a otros a sanar y sentirse mejor.

Este libro lo pondrá en los primeros pasos de su viaje como practicante de *reiki* psíquico y sanador. Así que, emprendamos este viaje juntos y sanemos.

Capítulo 1: El *reiki* psíquico explicado

Hoy en día, cada vez más personas buscan terapias alternativas para complementar los tratamientos alopáticos de sus enfermedades. Personas de todo el mundo están explorando opciones como los cristales curativos, las ventosas, la acupresión, la acupuntura y el *reiki*.

El último de ellos, el *reiki*, es el que suele causar más confusión en la gente. Muchos nunca han oído hablar de esta práctica, y quienes han oído hablar de ella a menudo no la entienden bien, lo que les lleva a calificarla como un fraude o moda pasajera. Sin embargo, una vez que comprenda las técnicas del *reiki* (y del *reiki* psíquico), comprenderá que es muy útil.

Este libro lo llevará a través de los fundamentos del *reiki* y le ayudará a explorar particularmente el *reiki* psíquico con más detalle. Cuando haya terminado la última página, comprenderá por qué tanta gente recomienda el *reiki* psíquico como técnica de sanación.

¿Qué es el *reiki*?

El *reiki* es una técnica de curación energética originaria de Japón basada en la creencia de que la energía vital fluye por el cuerpo de cada persona. Esta práctica relaja el cuerpo y elimina el estrés.

La forma más sencilla de describir la forma en la que se realiza es mediante una serie de toques suaves. Esencialmente, los practicantes utilizan sus manos para proporcionar energía al cuerpo concentrándose en mejorar el flujo y el equilibrio de las reservas naturales de energía vital del cuerpo.

Durante una sesión de *reiki*, normalmente el «paciente» se sienta en una camilla de masaje. Está completamente vestido o cubierto con sábanas o una manta durante este proceso, y quien practica el *reiki* pone suavemente sus manos sobre el cuerpo. Las partes del cuerpo sobre las que el practicante pone las manos son aquellas en las que el flujo de energía vital es especialmente potente.

El terapeuta cubre con sus manos los principales órganos, chakras y meridianos, transfiriendo energía según sea necesario. Muchos pacientes caen involuntariamente en un estado de trance en el que experimentan sueños increíblemente vívidos y lúcidos durante este proceso. Esta experiencia es tan común que tiene un nombre, el «sueño *reiki*».

A los practicantes de *reiki* a menudo no les gusta que les llamen sanadores. Creen que su trabajo consiste en proporcionar al cuerpo del paciente la energía que necesita para curarse por sí mismo. Según ellos, en el mundo moderno la gente suele estar escasa o vacía de energía. La reserva natural de energía de una persona se gasta en sus actividades diarias, como el trabajo y los viajes.

Esto significa que al cuerpo no le queda energía para curarse, especialmente en el sentido más allá de lo superficial. Ahí es donde entran en juego los practicantes de *reiki*, que proporcionan al cuerpo la energía adicional necesaria para que se cure a sí mismo.

Reiki es una combinación de dos palabras. En japonés, «*rei*» se traduce como «alto poder», y «*ki*» como energía vital, no solo de los seres humanos, sino de todo. El nombre indica a los principiantes exactamente lo que ofrece esta práctica, que se centra en la energía vital universal o espiritual que todos tenemos.

La historia del *reiki*

Mikao Usui fundó la práctica del *reiki*. Nacido en el seno de una familia budista japonesa en 1865, Usui se crio como un samurái y recibió formación en esgrima y artes marciales, concretamente en las técnicas japonesas del *aiki*, y otras disciplinas similares. De adulto, se interesó por la medicina, la psicología y la teología, y viajó por todo el mundo (incluido Estados Unidos) para continuar sus estudios sobre estos temas.

A principios de la década de 1920, ingresó como sacerdote y monje en un monasterio budista. Como parte de su estancia en el monasterio, pasó 21 días en el monte Kurama rezando y ayunando. Se cree que, durante estos 21 días, a Usui se le revelaron los símbolos sánscritos que le ayudarían a desarrollar su sistema de *reiki*.

Usui fundó su primera escuela y clínica de *reiki* en Tokio, en 1922, y en ella enseñaba este arte a los estudiantes y les animaba a difundir la práctica por todo el mundo. Uno de sus alumnos más conocidos fue Chujiro Hayashi, un antiguo cirujano naval que fue decisivo para difundir el *reiki* fuera de Japón, especialmente en Estados Unidos, a través de su alumna Hawayo Takata.

Hawayo Takata era una mujer estadounidense de origen japonés que acudió a Hayashi en busca de curación en la década de 1930. Tras ser curada, continuó aprendiendo *reiki* con Hayashi y acabó convirtiéndose en maestra de *reiki*. Creyendo que el *reiki* tenía un valor inmenso, Takata decidió llevar la práctica con ella a Estados Unidos.

Como el *reiki* era una práctica japonesa, Takata era consciente de los problemas que podrían surgir por la posible resistencia del público, ya que la situación política entre EE.UU. y Japón era delicada. Ella había regresado a Estados Unidos en la década de 1940, justo antes de la Segunda Guerra Mundial, cuando las tensiones internacionales eran elevadas. Esta situación persistiría tras el final de la guerra, sobre todo porque Estados Unidos y Japón estaban en bandos opuestos.

Creyendo que el valor del *reiki* para el mundo no podía ser ignorado, decidió alterar la historia del origen del *reiki* y la vida de Mikao Usui para hacerlo más atractivo en Occidente. Afirmó que, en lugar de un budista con antecedentes en la tradición samurái, Usui era en realidad decano de una escuela cristiana en Japón.

Además, Usui había desarrollado muchos de sus principios de *reiki* estudiando el libro religioso budista «*Tantra del relámpago*». Para hacerlo más acorde con las creencias del público occidental, ella afirmó que Usui se había inspirado en la historia de Jesucristo, que era capaz de curar con el toque de una mano, y había viajado a EE.UU. y a otros países occidentales para aprender más sobre el Reiki.

Hawayo Takata tuvo éxito en su trabajo y consiguió difundir el *reiki* por Estados Unidos y, con el tiempo, por todo el mundo. Ella misma formó a varios maestros de *reiki*, que contribuyeron al crecimiento de la disciplina.

Aparte de Takata, la única alumna formada por Hayashi que practicó y enseñó *reiki* en público fue Chiyoko Yamaguchi. Yamaguchi trabajó en Japón y, mientras Takata tuvo que alterar su práctica de *reiki* para lograr la internacionalización, Yamaguchi continuó siguiendo al pie de la letra las enseñanzas de Hayashi. En 1999, fundó el Instituto de *Reiki Jikiden* en Tokio, donde se enseñaba *reiki* de la misma manera en que ella había aprendido con Hayashi en la década de 1930.

Principios del *reiki*

Los cinco principios fundamentales del *reiki* son similares a otras afirmaciones que puede incorporar a su vida diaria. Veámoslos con más detalle:

Solo por hoy, dejo ir la ira.

Según el *reiki*, la ira que se siente ante acontecimientos tales como tratar con alguien grosero proviene de la energía de la ira que está dentro de cada uno. Este principio del *reiki* exige liberar esa energía reconociendo la ira en la propia vida y dejándola ir. Esto, a su vez, permite reemplazar esa ira por felicidad.

Solo por hoy, estoy agradecido.

Este es un recordatorio para agradecer todos los pequeños momentos de la vida, momentos que de otro modo pasarían inadvertidos. Concentrándose en lo que es beneficioso para la propia vida, se atrae la curación positiva.

Solo por hoy, dejo ir la preocupación.

La preocupación está presente en la vida de la mayoría. Hay preocupación por cosas que están sucediendo, por cosas que aún no han sucedido y por cosas que pueden o no suceder. Al igual que la ira, el *reiki* sostiene que la preocupación proviene del interior, y este principio invita a liberar esa energía de preocupación para vivir más fácilmente en el presente.

Solo por hoy, soy gentil con todos los seres.

Este principio es un recordatorio de ser amable y compasivo con todas las personas y seres y para considerar formas alternativas para ver el mundo desde los ojos de otros. Al mismo tiempo, es un recordatorio para ser amable, gentil y compasivo consigo mismo, porque la frase «todos los seres» también nos incluye.

Solo por hoy, expando mi conciencia.

Reconocer quién es y cómo encaja en este mundo como individuo y como parte de un ecosistema mayor. Concentrarse en cómo se vive la propia vida y cómo eso afecta a quienes están alrededor.

Aparte de estos cinco principios del *reiki*, a veces se consideran algunas variaciones en lugar de uno o más de los principios anteriores. Estas son:

Solo por hoy, soy humilde.

Este principio del *reiki* recuerda que, aunque al ego le gusta presumir y alardear de los logros, se debe reducir un poco el nivel. En lugar de eso, es importante aprovechar la oportunidad para inclinarse, aprender de los demás y disfrutar amando y siendo amado.

Solo por hoy, soy honesto/Solo por hoy, aprenderé a vivir honestamente.

Aunque estos principios son relativamente parecidos, en realidad pueden ser muy diferentes en la práctica.

El primero, «Solo por hoy, soy honesto», recuerda que se debe ser lo más auténtico posible, en lugar de intentar encajar en un molde predeterminado. Es un recordatorio para dejar brillar el verdadero yo y, si es necesario, para hacerlo poco a poco, empezando por un solo día («solo por hoy») y siguiendo a partir de ahí.

El segundo, «Solo por hoy, aprenderé a vivir honestamente», es un recordatorio de que hay que vivir honradamente, sin depender de la mentira, el engaño o cualquier otra forma de perjudicar a los demás para salir adelante. Es un recordatorio de que, aunque el dinero puede hacer la vida materialmente fácil, no es ni debe ser la medida del éxito. Por el contrario, se debe luchar por la abundancia en todos los ámbitos de la vida, no solo en el monetario.

Solo por hoy, honraré a mis padres, profesores y mayores.

Este principio es un recordatorio para celebrar las propias raíces y a quienes han guiado hasta el lugar actual. Esto no significa idealizarlos o colocarlos en un pedestal, sino reconocer sus contribuciones reales y aprender y crecer como persona gracias a las lecciones que han enseñado y enseñarán.

Símbolos y sintonización en el *reiki*

Los símbolos de *reiki* permiten usar la energía de esta práctica para un propósito específico, en lugar de dejarla sin dirección. Cambian la forma en que el *reiki* genera energía. Se pueden activar mediante la visualización, pronunciando sus nombres verbalmente o dibujándolos. La parte más importante del proceso de activación es la intención, más que cómo se piensa en los símbolos.

Aprenderá más sobre los símbolos de *reiki* y cómo usarlos en capítulos posteriores, ¡así que siga leyendo para aprender más!

La sintonización en el *reiki* es un proceso por el que pasa el maestro durante una clase con un estudiante. Abre el sistema energético del estudiante, ayudándole a conectarse con la energía universal de *reiki* y a convertirse en un recipiente de esa energía para sanarse a sí mismo y a los demás.

Las vías energéticas se abren a través de una serie de símbolos, permitiendo que la energía fluya libremente por el cuerpo del alumno. Algunos estudiantes aseguran que este proceso mejora otras vías de canalización y sanación en el cuerpo, generando una mayor conciencia intuitiva y sensibilidad psíquica.

Reiki psíquico

Ya conoce el *reiki*, pero el título de este libro es «*Reiki psíquico*», no simplemente *reiki*.

Entonces, ¿qué es el *reiki* psíquico? ¿Cómo se conecta lo «psíquico» con el *reiki*?

En términos sencillos, el *reiki* psíquico es una modalidad de curación energética en la que se utilizan habilidades psíquicas con fines curativos. No se necesitan símbolos o movimientos especiales. En su lugar, se utiliza la intuición para dirigir la energía desde el cuerpo de quien lo practica hacia el de otra persona.

En otras palabras, el *reiki* psíquico puede ser *reiki* telepático, o incluso *reiki* intuitivo. Tiene los mismos beneficios de la práctica «regular» de *reiki*, pero sin el enfoque en el cuerpo físico del practicante/maestro. Por lo tanto, se puede prescindir de los símbolos tradicionales y las posiciones de las manos, y en su lugar confiar plenamente en las habilidades innatas del maestro.

El *reiki* psíquico es particularmente poderoso para individuos que no quieren ser tocados por otros por diversas razones, que pueden incluir un desorden de estrés postraumático (TEPT) o traumas del pasado.

¿Cómo saber si usted es psíquico y será bueno sanando?

¿Quiere iniciarse en la práctica del *reiki* psíquico? Si es así, aquí tiene una lista de habilidades físicas para consultar y determinar si goza o no de

ellas:
- Tener sueños lúcidos.
- Experimentar sueños o visiones premonitorias.
- Conocer o ser consciente de personas, lugares y cosas que no tienen una explicación racional y que no se deben a acontecimientos de su historia personal olvidados conscientemente.
- Recordar o reconocer vidas pasadas, propias o ajenas.
- Oír voces que no son las suyas ni las de otros que están en la misma habitación o a una distancia cercana.
- Tener una capacidad «innata» para distinguir la verdad de la mentira y otras intuiciones similares.
- Sentir emociones de la nada que parecen no tener sentido hasta que ocurre un acontecimiento que las explica, como la llamada de un familiar con buenas noticias después de un momento de alegría, o que un amigo reciba malas noticias después de que usted se sintiera deprimido de repente.
- Experimentar *déjà vu* frecuentemente.
- Tener familiares con poderes psíquicos.
- Ser hipersensible a la negatividad, el ruido y las emociones de otras personas.
- Tener sentidos muy agudos. Lo más común es que tenga un solo sentido muy desarrollado, aunque pueden ser varios.
- Tener sueños recurrentes que no se pueden explicar.

Si tiene un tercio o más de las habilidades de la lista anterior, es un buen indicio de que tiene algún tipo de capacidad psíquica.

También puede comprobar si tiene poderes curativos. He aquí una lista de para reflexionar:

- Se siente en casa cuando está en la naturaleza.
- Es muy sensible.
- Siente un llamado que lo impulsa a buscar formas de curar o aliviar el sufrimiento de otros seres.
- Tiene sueños especialmente vívidos.
- Es muy creativo.
- Es muy intuitivo.

- Es un empático.
- Siente un hormigueo en las manos y en las palmas con frecuencia. Esta es una señal de que la energía se está acumulando en estas zonas y que busca una salida a través de la curación de los demás.
- Ha padecido una enfermedad crónica o mortal y se ha curado.
- Es un pacificador natural cuando trabaja con dos personas enemistadas entre sí.
- Es una persona solitaria, introvertida o que se agobia fácilmente en público.
- En su familia ha habido curanderos. Puede tratarse de sanadores espirituales con poderes curativos o de sanadores más «tradicionales», como médicos y enfermeros.
- Es bueno escuchando.
- Siente la energía dentro de usted. Además, distingue entre los distintos tipos de energía que lo habitan y puede modificarlos si es necesario.
- Ha vivido varias experiencias místicas.

Si se relaciona con un tercio o más de las afirmaciones de la lista anterior, es una buena señal de que tiene poderes y/o intenciones curativas.

Este libro cubre todo lo que necesita saber para perfeccionar sus poderes psíquicos y curativos a través del *reiki* psíquico. En los próximos capítulos, le guiará a través de la energía vital con la que trabajará y los siete chakras principales. También a través de la meditación y la visualización, incluyendo las posiciones de las manos recomendadas por la técnica de meditación *Gassho Kokyo-ho* de Mikao Usui.

El texto también explora cómo trabajar con sus guías espirituales y los conceptos de limpieza y conexión a tierra. Explica por qué estas prácticas son importantes antes de cualquier forma de curación.

Luego, le ayuda a desarrollar sus habilidades psíquicas. Estas habilidades son a menudo conocidas como los «*clairs*», y este libro le asegura poder usarlas efectivamente en su práctica de *reiki* psíquico. Luego, se habla de tres prácticas de *reiki* psíquico para usar los conocimientos adquiridos de manera práctica y efectiva.

Finalmente, el libro le ayuda a explorar cómo activar su Templo del tercer ojo, lo cual puede, a su vez, mejorar su práctica psíquica. También le proporciona una «caja de herramientas» de *reiki* psíquico; entre las que se encuentran cristales, tarot, talismanes, agua de *reiki*, y más; para que pueda usarlas y complementar su práctica de *reiki* psíquico.

Si el *reiki* psíquico es algo que quiere explorar más a fondo, está en el lugar correcto. ¡Todo lo que tiene que hacer es pasar a la siguiente página!

Capítulo 2: Energía y chakras

¿Puede un chef aprender a cocinar sin tener conocimientos de alimentación? El mismo principio se aplica a los sanadores energéticos. Antes de convertirse en un practicante de *reiki*, debe saber qué es la energía. ¿Por qué es importante? ¿Qué es la energía vital? Responder a estas preguntas lo preparará para comenzar su viaje para convertirse en un practicante de *reiki* psíquico.

¿Qué es la energía vital?

La energía vital es un concepto que se aplica en varias culturas de todo el mundo y recibe muchos nombres, como prana, *Qi*, Espíritu Santo, *ki*, ánima, viento interior, *ruh* y *pneuma*. Se remonta a los antepasados más antiguos, que comprendieron la importancia de la energía y su papel en la vida. Consideraban la energía como una fuente para curar y desarrollaron muchas prácticas en torno a esta idea. La fuerza vital es una energía cósmica que existe en todas partes. Al entrar en el cerebro, esta energía actúa como un cargador de teléfono que carga las células y las devuelve a la vida. Todo en el universo tiene energía vital fluyendo a través de sí: los humanos, los animales, las plantas, el agua, los cristales e incluso la Tierra. Siendo vital para nuestra supervivencia, esta energía actúa como un latido, indicando que estamos vivos.

Sin embargo, la energía puede agotarse de un modo u otro. Por esta razón, se necesita energía vital para mantenerse. Como base del ser, esta energía es responsable de todas las acciones y define quiénes somos. Es responsable de todas las funciones del cuerpo, como la respiración, el flujo sanguíneo, la digestión e incluso los movimientos corporales. La energía vital proporciona conciencia y conocimiento para experimentar la vida; sin ella, no se puede existir.

La energía vital se menciona en varios textos antiguos, lo que significa que el concepto existe hace miles de años. La energía no es una idea moderna. El mundo actual surgió de una explosión de energía conocida como el *Big Bang*. Que la energía haya fluido a través de todo y de todos, proporciona una perspectiva interesante para ver el mundo. Todo en la Tierra procede de la misma energía y todos estamos conectados por ella, que nos trajo aquí.

Los chinos se referían a la energía vital como «*Qi*». Si está familiarizado con la medicina tradicional china, sabrá que se basa en el *Qi*, que estudia principalmente el flujo de energía en el cuerpo.

No somos solo cuerpos físicos; somos mucho más. Somos nuestros pensamientos, sentimientos y espíritu, todo ello conectado de un modo u otro con la energía vital. Las energías afectan la salud física, mental y el bienestar. Los médicos rara vez prestan atención a las dolencias causadas por la alteración de la energía. Entonces, ¿qué hacer cuando la energía necesita atención? Se busca la ayuda de un practicante de *reiki*. Gran parte de las medicinas alternativas, como la acupuntura, giran en torno a la energía *Qi*, que se ha adaptado a la medicina occidental. Los practicantes que trabajan con el *Qi* reconocen la energía en el aura de sus pacientes y la usan para detectar enfermedades.

Los hindúes se referían a la fuerza vital como «*prana*». Es una palabra sánscrita que significa «aliento». El *prana* apareció por primera vez en los Vedas, textos sánscritos de hace 3000 años. En varios textos de la literatura hindú, el sol se consideraba la fuente del *prana* y conectaba los cuatro elementos: tierra, aire, agua y fuego. El *prana*, al igual que su homólogo chino, el *Qi*, tiene un enorme impacto en la salud y es responsable de varias funciones corporales, como la respiración y la digestión. Según los textos antiguos, el cuerpo tiene varios canales por los que fluye el *prana*. Estos canales se llaman *nadis*, y hay cerca de 72.000 en el cuerpo humano. Los *nadis* son similares a la descripción moderna del sistema nervioso y los nervios. Aunque hay miles de *nadis* en el cuerpo, hay tres principales a los que siempre se hace referencia: *Sushumna, Ida* y *Lingala*. Estos tres *nadis* viajan desde la base de la columna vertebral hasta la cabeza.

Los sentidos dependen de la fuerza vital para funcionar, y ese flujo es lo que produce la sanación. Se utilizan los sentidos y la curación viene de dentro, ayudada por el sistema nervioso, que distribuye esa energía.

Los cuerpos sutiles

La mayoría de las veces, cuando la gente habla del cuerpo, se refiere al cuerpo físico, que es el concepto más popular. Sin embargo, los seres humanos somos más de lo que vemos a simple vista. Aunque no se pueden ver ni tocar, cada persona tiene siete cuerpos sutiles, y cada uno de ellos vibra a una frecuencia diferente. Estos cuerpos sutiles son capas de energía conectadas entre sí y engloban el aura. Interactúan con el mundo físico y no físico utilizando la energía.

Según el antiguo texto hindú *Bhagavad Gita*, el cuerpo sutil gobierna sobre el cuerpo físico y está formado por el ego, la mente y el intelecto. Los siete cuerpos sutiles pueden dividirse en físicos, espirituales y astrales. Hay tres cuerpos físicos y son responsables de la energía del plano físico. Tres espirituales, que son responsables del reino espiritual, y el cuerpo astral es el que los conecta a todos. Se sabe que los cuerpos sutiles espirituales vibran a una frecuencia más alta que los físicos.

Los cuerpos sutiles tampoco son un concepto nuevo. De hecho, fueron mencionados en varias culturas antiguas como la de los nativos americanos, el antiguo Egipto, China y la antigua India (sánscrito).

Convertirse en un practicante de *reiki* psíquico requiere trabajar con la energía y aprender a manipularla. Debe familiarizarse con los siete cuerpos sutiles para navegar por el mundo espiritual.

El cuerpo etérico

De los siete cuerpos sutiles, el cuerpo etérico es el más cercano al cuerpo físico y está situado a solo un par de centímetros de él. Este cuerpo sutil transforma la energía del universo para suministrar al cuerpo físico lo que necesita para sobrevivir y funcionar correctamente. Como resultado de esta proximidad, el cuerpo etérico tiene un enorme impacto en las funciones corporales.

El cuerpo etérico es el más denso de los cuerpos sutiles. Por esta razón, y por ser el más cercano al cuerpo físico, tiene la frecuencia de vibración más baja. Los practicantes de *reiki* deben prestar mucha atención al cuerpo etérico, porque es el que recibe el impacto directo de varios métodos alternativos de curación como la acupuntura, el *Qigong* y el *reiki*.

El cuerpo emocional

Como su nombre lo indica, el cuerpo emocional es responsable de los sentimientos y emociones. Está situado a cinco centímetros del cuerpo físico e influye en la salud física y mental y en el alma, ya que las emociones afectan distintas áreas de la vida. El aura del cuerpo emocional es la única que cambia de color y forma según el estado de ánimo de cada persona. Por ejemplo, el color y la forma del aura cambian si alguien está enfadado, deprimido, ansioso o enamorado. Una vez que aprenda a leer el aura de las personas, podrá determinar su estado de ánimo a partir del color de su aura.

El cuerpo mental

Este cuerpo sutil está situado un poco más lejos que los mencionados anteriormente. Situado entre tres y ocho pulgadas de distancia del cuerpo físico, el cuerpo mental es responsable de la memoria, los pensamientos, la imaginación, la intuición, la creatividad, la lógica y las formas de recopilar y procesar la información. Incide directamente en la mente y, cuando no funciona correctamente, afecta la creatividad y la concentración. Dado que la mente nunca deja de trabajar y siempre está llena de pensamientos, el cuerpo mental brilla siempre con el color amarillo.

Sin embargo, en algunas ocasiones, cuando la mente se apaga, como se está dormido o después de meditar, el cuerpo sutil se decolora: puede cambiar de color en función de las emociones y los pensamientos. Por ejemplo, si piensa en lo mucho que extraña a alguien y se pone triste, el color del aura del cuerpo emocional cambia. Esto afecta el estado de ánimo y el aura del cuerpo cambia para reflejarlo.

El cuerpo astral

El cuerpo astral está perfectamente posicionado para conectar el espíritu real y el cuerpo físico. A través del cuerpo astral se puede explorar el reino espiritual y visitar otras dimensiones. Como resultado de su conexión con el reino espiritual, se considera superior a los demás cuerpos físicos y sutiles.

Situado a un pie del cuerpo físico, el cuerpo astral tiene una conexión especial con el cuerpo emocional que hace que, en ocasiones, ambos brillen con los mismos colores.

La plantilla del cuerpo etérico

Es un mapa del yo físico. Situado a unos cinco centímetros del cuerpo físico, es donde se encuentra el poder curativo. Esta plantilla existía mucho antes que cada uno de nosotros.

El cuerpo celestial

Es una conexión con el poder superior. Se puede aprovechar para ser más conscientes de quién se es y cómo se relaciona con todo lo demás, estableciendo más conexiones con el universo. Puesto que solo existe en el reino espiritual, el cuerpo celeste se distingue de sus homólogos, que solo existen en el mundo físico. Sin embargo, se puede conectar con él y llegar a lo divino cuando los otros cuerpos físicos y sutiles están quietos. Eso suele ocurrir a través de la meditación.

El cuerpo causal

Por último, pero no por ello menos importante, está el cuerpo causal, situado a metro y medio del cuerpo físico. Conocido por algunos como el alma, el cuerpo causal es donde se almacena toda la información sobre los cuerpos físicos sutiles y la conciencia de ser uno con lo divino. El cuerpo causal vibra a una frecuencia más alta que cualquier otro cuerpo sutil, con un aura de color dorado. Una vez que se establece una conexión con él, se toma conciencia de ser uno con el universo.

¿Se ha preguntado alguna vez por las personas que recuerdan sus vidas pasadas? En la reencarnación, su cuerpo físico no regresa, pero el cuerpo causal sí. Lleva consigo la información del cuerpo sutil y la transfiere. Esto le permite acceder a sus vidas pasadas, aunque necesita ayuda externa para lograrlo.

El aura

Se ha mencionado el aura varias veces al hablar de los cuerpos sutiles, pero ¿qué es el aura? Cada ser vivo está rodeado por un campo de energía invisible que cambia de color para reflejar su bienestar espiritual y emocional. Este campo de energía es el aura. El aura es invisible a simple vista, pero muchos pueden sentir el aura de otras personas, lo que se conoce como vibración. Por ejemplo, ¿puede conocer a alguien y sentir que «irradia» una vibración cálida y amistosa? Lo que percibe es su aura. Puede ver su aura o la de otras personas a través de la visión periférica, pero esta habilidad requiere práctica. Dentro del aura se encuentran los siete cuerpos sutiles, cada uno de los cuales constituye una capa diferente.

Ejercicio

Ahora que se ha familiarizado con el aura y el cuerpo sutil, puede poner a prueba lo que ha aprendido. Como practicante de *reiki*, debe dominar la habilidad de aprovechar la energía a través de las manos. Crear una bola de *chi* es uno de los mejores métodos para enfocar y dirigir la energía. Necesitará a otra persona para esta práctica.

Instrucciones

- Póngase de pie recto.
- Relaje su cuerpo y su mente e inhale profundamente.
- Despeje sus pensamientos y exhale lentamente mientras se concentra en la zona del ombligo. Este paso le ayudará a enfocarse.
- Ahora, imagine que hay cuerdas de energía pegadas a sus pies, actuando como raíces en el suelo. Este paso le hará sentir enraizado y le ayudará a mantener la concentración.
- Frote sus palmas entre sí hasta que las sienta tibias.
- Luego, ponga sus manos juntas, con las palmas mirándose entre sí, como si fuera a aplaudir.
- Separe lentamente las palmas de las manos unos 30 cm una de otra y, a continuación, acérquelas de nuevo.
- Repita este paso algunas veces hasta que sienta resistencia. Esta resistencia es la energía.
- Con las manos en forma de cuenco, moldee la energía en una bola moviendo las palmas hacia delante y hacia atrás.
- Visualice esta bola de energía como una luz sanadora.
- Asegúrese de que la otra persona está sentada o acostada en una posición relajada.
- Visualice el color de la bola curativa. No lo piense demasiado, simplemente elija un color por el que se sienta atraído o una mezcla de los colores del arco iris.
- Establezca una intención para la bola curativa, como el nombre de la persona, pensamientos positivos o la zona del cuerpo que quiere curar.
- Ahora, ponga la bola de energía sobre la cabeza de la otra persona.
- Lenta y suavemente, empuje la bola hacia abajo, visualícela entrando en su cuerpo y vea cómo su cuerpo se llena de luz.
- Termine el ejercicio expresando en silencio su gratitud por la curación que ha recibido la persona a la que ha ayudado.

Chakras

Mapa de los chakras
mpan, CC0, via Wikimedia Commons https://commons.wikimedia.org/wiki/File:Chakras_map.svg

Los chakras son los centros energéticos del cuerpo y fueron descritos por primera vez en los antiguos textos védicos. Los chakras son los canales que distribuyen la fuerza vital conectándose con los *nadis*. Se encuentran en la columna vertebral del cuerpo astral. Nuestra energía habita en nuestro ser físico, pero no es tangible. Los chakras ascienden por la columna vertebral hasta la parte superior de la cabeza. Al igual que el cuerpo astral, los chakras son invisibles y no se pueden tocar.

Hay un chakra responsable de cada parte del cuerpo físico. Hay siete chakras principales, y cada uno irradia una energía y un color diferentes. Los chakras pueden bloquearse o desequilibrarse cuando la energía se estanca y no puede fluir por la columna vertebral. Los chakras bloqueados se manifiestan como síntomas que afectan al cuerpo, la mente y el espíritu. Varias cosas pueden causar un bloqueo de los chakras, como el estrés, los hábitos destructivos o una mala alimentación. Sin embargo, los cambios positivos en el estilo de vida y la práctica de yoga, meditación y ejercicios de respiración ayudan a desbloquear los chakras.

Chakra raíz

Ubicación: La base de la columna vertebral

Nombre en sánscrito: Chakra *muladhara*

Color: Rojo

Sonido: *Lam*

Funciones: El chakra raíz es responsable de ciertas funciones corporales y partes del cuerpo como el intestino grueso, los huesos, las glándulas suprarrenales, los pies y las piernas. Este chakra ayuda en la supervivencia, la seguridad, la estabilidad y la ambición. Tener los pies en la tierra es el aspecto principal de este chakra, por lo que está relacionado con todo aquello que satisface las necesidades básicas, como el refugio, la comida y el agua. El chakra raíz también es responsable de las necesidades emocionales básicas, como la sensación de seguridad y protección. Como seres humanos, satisfacer las necesidades básicas nos hace sentir más relajados y repercute enormemente en nuestro bienestar.

Síntomas de un chakra raíz bloqueado

- Pereza.
- Depresión.
- Sensación de aislamiento y desconexión con el mundo.
- Ansiedad o ataques de pánico.
- Pesadillas.
- Inseguridad.
- imposibilidad para actuar.
- Insomnio.
- Problemas con el sistema reproductivo o digestivo.
- Dolores y malestar en todo el cuerpo sin ninguna razón.
- Dificultades de salud en varias partes del cuerpo como la espalda baja, las piernas, la vejiga o el colon.

Chakra sacro

Ubicación: Abdomen bajo. Entre el pubis y el ombligo

Nombre en sánscrito: Chakra *svadhishthana*

Color: Naranja

Sonido: *Vam*

Funciones: El chakra sacro tiene que ver con la diversión, rige el sentido del placer, las pasiones y todas las emociones relacionadas con la alegría. También está relacionado con el deseo sexual y la creatividad. Este chakra proporciona energía a los órganos y glándulas reproductores, los riñones, el sistema circulatorio y la vejiga. Cuando este chakra está abierto, se siente como su mejor versión. Le apasiona todo en la vida, su vida amorosa y su trabajo. También se vuelve simpático, exitoso y, por tanto, está satisfecho con su vida. Como resultado, su bienestar mejora y se generan sentimientos de alegría, abundancia y bienestar.

Síntomas de un chakra sacro bloqueado

- Inseguridad.
- Depresión.
- Fatiga.
- Inestabilidad emocional.
- Libido baja.
- Miedo al cambio o al pacer.
- Desapego.
- Falta de inspiración y creatividad.
- Comportamiento nocivos, como adicciones.
- Anemia.
- SPM (Síndrome premenstrual).
- Artritis.
- Bajos niveles de energía.
- Dificultades con las caderas, el bazo, los genitales o los riñones.
- Dolor en las articulaciones.
- Dolor crónico en la espalda baja.
- Problemas sexuales.
- Problemas de fertilidad.

Chakra del plexo solar

Ubicación: Abdomen bajo. Entre el ombligo y la caja torácica

Nombre en sánscrito: Chakra *manipura*

Color: Amarillo

Sonido: *Ram*

Funciones: La confianza, el poder personal, la fuerza de voluntad y el empoderamiento son algunos de los poderosos sentimientos que rige el chakra del plexo solar. Este chakra también es responsable del páncreas, el sistema digestivo, las glándulas suprarrenales y los músculos.

Síntomas de un chakra del plexo solar bloqueado
- Problemas de confianza.
- Preocupación constante sobre cómo lo perciben los demás.
- Baja autoestima.
- Dependencia.
- Búsqueda de la aprobación de otros.
- Apego nocivo por las personas de su vida.
- Incapacidad para expresarse.
- Comportamiento manipulador.
- Victimización.
- Falta de dirección.
- Dificultad para tomar decisiones.
- Problemas de ira.
- Procrastinación.
- Apatía.
- Falta de confianza en sí mismo.
- Problemas digestivos como estreñimiento.
- Dolores estomacales.
- Diabetes.
- Desórdenes alimenticios.
- Úlceras.
- Problemas de colon, hígado y páncreas.

Chakra del corazón

Ubicación: En el área del corazón
   Nombre en sánscrito: Chakra *anahata*
   Color: Verde
   Sound: *Yam*

Funciones: Al ser el chakra del corazón, rige el corazón y todos los sentimientos relacionados con el amor, hacia otras personas y hacia sí mismo. Como es el cuarto chakra, está en una posición única y es el punto medio de los siete chakras. Sirve de puente entre los chakras superiores e inferiores y une los aspectos físicos y los espirituales. Este chakra es responsable de los sentimientos de compasión, perdón, conciencia, alegría, empatía, amor propio, paz, confianza, generosidad, cambio, transformación, armonía, autoaceptación, felicidad, motivación y amor. En pocas palabras, rige muchas emociones positivas. Cuando está abierto, el amor fluye en ambas direcciones. El chakra del corazón suministra energía al corazón, la glándula timo, los pulmones, las manos y los brazos.

Síntomas de un chakra del corazón bloqueado

- Codependencia en las relaciones.
- Miedo al rechazo.
- Sensación de distancia con otras personas.
- Problemas de confianza y compromiso.
- Ser duro frente a una sensación de vulnerabilidad.
- Imposibilidad de dar y recibir amor.
- Celos.
- Ira.
- Aflicción.
- Miedo a la traición.
- Odio a los demás y a sí mismo.
- Sensación de estancamiento y obsesión con el pasado.
- Problemas en las relaciones.
- Imposibilidad de perdonar.
- Sensación de cierre emocional.
- Depresión y ansiedad.
- Mentalidad de víctima.
- Soledad.
- Vergüenza.
- Falta de empatía.
- Insomnio.

- Asma.
- Dolor en la espalda alta.
- Debilidad del sistema inmune.
- Problemas de circulación.
- Dolor en el pecho.
- Angina.
- Afecciones en los senos, los pulmones y el corazón.

Chakra de la garganta

Ubicación: Garganta

Nombre en sánscrito: Chakra *visuddha*

Color: Azul

Sonido: *Ham*

Funciones: Ser uno mismo y decir la verdad son características asociadas a un chakra de la garganta abierto. El chakra de la «garganta» rige la voz y la capacidad de comunicación. Permite expresarse sanamente, hablar claro y escuchar de verdad a los demás. Este chakra también es responsable de la inspiración. Suministra energía al cuello, las manos, los hombros, los brazos y las glándulas paratiroides y tiroides.

Síntomas de un chakra de la garganta bloqueado

- Vergüenza.
- Imposibilidad para expresar los propios sentimientos.
- Dificultad para hablar.
- Comportamiento agresivo.
- Sensación de ser incomprendido.
- Dificultad para prestar atención.
- Sensación de desconcentración.
- Preocupación por lo que otros piensan de usted.
- Dolor de garganta.
- Migrañas.
- Rigidez y tensión en los hombros y el cuello.
- Dificultades con la tiroides.

Chakra del tercer ojo

Ubicación: En medio de la frente.

Nombre en sánscrito: Chakra *ajna*

Color: Índigo

Sonido: *Aum*

Funciones: El chakra del tercer ojo rige la intuición. Este chakra actúa como puente entre cada individuo y el mundo circundante. También es un punto focal en la práctica de yoga para permanecer centrado y consciente. Cuando está abierto, este chakra quita el «velo» que nubla el juicio y permite ver el panorama general. También está relacionado con el autoconocimiento, la inteligencia y la perspicacia. El chakra del tercer ojo es responsable de las funciones neurológicas, la glándula pituitaria y la visión.

Síntomas de un chakra del tercer ojo bloqueado

- Avaricia y preocupación solo por las cosas materiales.
- Falta de propósito.
- Inseguridad.
- Sensación de desconexión con el verdadero yo.
- Impaciencia.
- Depresión.
- Sentirse abrumado por pensamientos negativos.
- Falta de apertura.
- Sentirse abrumado por el pasado.
- Confusión.
- Falta de concentración.
- Indecisión.
- Falta de asertividad.
- Miedo al éxito.
- Ego muy grande.
- Negación.
- Problemas de memoria.
- Dificultad para acceder a la intuición.
- Imposibilidad de aprender cosas nuevas.

- Dificultad para escuchar y confiar en su voz interior.
- Prejuicio constante.
- Sensación de agobio.
- Ansiedad y depresión.
- Migrañas y dolores de cabeza.
- Mareos.
- Insomnio.
- Visión borrosa.
- Desbalance del sistema endocrino.
- Desórdenes cerebrales.
- Cansancio.

Chakra de la corona

Ubicación: Parte superior de la cabeza (coronilla)

Nombre en sánscrito: Chakra *sahastrara*

Color: Blanco o violeta

Sonido: Silencio (se escucha en lugar de cantar)

Funciones: El chakra de la corona es el último de los siete chakras y rige la conexión espiritual con lo divino y el yo superior. También se considera el centro de la iluminación. Cuando está abierto, eleva la conciencia y genera la sensación de ser uno con el universo y de conexión con todos los seres. Al estar conectado con el universo y lo divino, se experimenta sabiduría, autorrealización e iluminación. Da un propósito en la vida, aumenta la conciencia y hace ver que hay algo más allá de la búsqueda de cosas mundanas. El chakra coronario es responsable del sistema nervioso central, la glándula pituitaria y la corteza cerebral.

Síntomas de un chakra de la corona bloqueado
- Tristeza.
- Frustración.
- Sentimientos autodestructivos.
- Falta de inspiración.
- Falta de propósito y de sentido.
- Apatía.
- Depresión.

- Desconexión del universo y de sus seres.
- Cinismo espiritual.
- Falta de energía.
- Problemas para dormir (y deseo de dormir todo el día).
- Migrañas y dolores de cabeza.
- Cansancio.
- Comportamiento destructivo.

Ejercicios.

Ahora que conoce los chakras, le proponemos ejercicios sencillos para abrir cada uno de ellos.

Chakra raíz

Este ejercicio le ayudará a sentirse seguro y conectado a tierra.

- Descalzarse sobre el suelo o el prado o sentarse apoyando la espalda contra una pared o un árbol.
- Repita para usted mismo en voz alta, «Estoy seguro».

Chakra sacro

- Encuentre un lugar privado, silencioso y seguro.
- Permítase sentir lo que realmente siente en este momento. Haga lo que sienta, como cantar, llorar, reír, bailar, saltar o gritar.

Chakra del plexo solar

Uno de los mejores ejercicios para este chakra es ver el vaso medio lleno, mirando el lado positivo de la vida. Esto permite eliminar las emociones y pensamientos negativos y sustituirlos por otros positivos.

- Compre un diario de gratitud o descargue una aplicación de diario de gratitud en su teléfono.
- Escriba una o más cosas por las que esté agradecido cada día.

Este ejercicio le abrirá los ojos a todas las cosas buenas de la vida, mejorando su salud mental y su bienestar.

Chakra del corazón

Para abrir este chakra, debe dar y recibir amor. Para ello, practique la visualización.

- Siéntese en una posición relajada en un lugar silencioso.
- Cierre los ojos.

- Imagine a alguien que quiere de verdad y dígale: «mereces ser amado y feliz».
- Ahora, imagine a alguien con quien está enfadado, y dígale lo mismo.
- Por último, dígase a usted mismo que también merece ser amado.

Chakra de la garganta

Para abrir este chakra, debe expresarse y decir su verdad. Concéntrese en encontrar su voz y comunicar claramente sus pensamientos. Puede hacerlo gradualmente, comenzando con charlas individuales. Empiece con las personas más cercanas y con las que se sienta cómodo hasta que esté preparado para expresarse con más gente. Si necesita decir su verdad, hágalo. Entrene para no quedarse nunca callado cuando tenga algo que decir, a menos que sea inapropiado o esté enfadado (¡en ese caso es mejor callarse!).

Chakra del tercer ojo

El mejor ejercicio para este chakra es la meditación con velas.

- Siéntese en una habitación oscura y silenciosa.
- Encienda una vela.
- Contemple la vela mientras respira profundamente durante unos minutos.
- Cierre los ojos para que se adapten. Cuando esté listo, ábralos y siga con su día.

Chakra de la corona

Este chakra permite encontrar el propósito en la vida y aumentar la autoconciencia. El mejor ejercicio es conocerse mejor. A través de un diario, hágase preguntas y respóndalas. También puede descargar una aplicación con preguntas interesantes para aprender mucho sobre usted mismo.

Aprender sobre los cuerpos sutiles y los chakras le facilitará el camino para dominar y manipular la energía. Tómese su tiempo y practique a diario los ejercicios presentados para avanzar como practicante.

Capítulo 3: Meditación y visualización

Parte-I: MEDITACIÓN

¿Qué es la meditación?

La meditación es el arte de calmar la mente. Es el arte de concentrarse en un solo objeto o punto y se utiliza para facilitar la relajación y construir la fuerza interior. Consiste en sentarse en silencio, concentrarse en la respiración y recitar un mantra o una oración.

Meditación y visualización
https://pixabay.com/es/photos/meditar-lago-estado-animico-4882027/

La meditación ayuda a ralentizar la mente, que trabaja 24 horas al día, siete días a la semana, generando con frecuencia demasiados pensamientos a la vez. Los pensamientos pueden ser sobre cuestiones importantes, o sencillamente puede darle demasiadas vueltas a las cosas y perturbar su paz interior. La meditación se puede practicar en cualquier momento en un entorno tranquilo para concentrarse y relajarse.

Diferentes tipos de meditación

Existen diferentes tipos de técnicas de meditación que se practican en todo el mundo, y seguro que encontrará una que se adapte a usted y a sus necesidades. El objetivo de la meditación es alcanzar la paz mental y la relajación física.

1. **Meditación guiada**

Es un tipo de meditación que se realiza para conseguir objetivos específicos. Pueden ser metas relacionadas con el trabajo, el peso, la paz o la salud. En esta meditación, debe concentrarse en visualizar imágenes de lo que quiere conseguir. La meditación guiada ayuda a deshacerse de bloqueos mentales y ver las cosas con claridad.

2. **Meditación *tartak***

Esta técnica ayuda a concentrarse en las cosas. Este tipo de meditación se realiza para centrarse en el trabajo cuando tiene dificultades debido a las distracciones. En este estilo de meditación, se enfoca en un punto, un lugar o la llama de una vela el mayor tiempo posible para mejorar el nivel de concentración.

3. **Meditación trascendental**

En esta meditación se repite o se recibe una palabra, un sonido o una frase hasta que la mente trasciende a otro mundo.

4. **Meditación de atención plena**

La meditación de atención plena proviene del budismo. En ella, se enfoca en el momento presente y en la inhalación y exhalación de la respiración. Es una técnica meditativa sencilla y cualquiera puede hacerla con bastante facilidad.

Un método sencillo para meditar

Hay muchas técnicas para meditar, pero concentrarse en una práctica sencilla es una buena forma de no equivocarse con la meditación de atención plena. Ubíquese en el presente y preste atención a lo que le rodea.

Para realizar esta meditación, debe seguir unos pasos básicos y sencillos.

1. Lo primero es encontrar una posición cómoda. Una posición que le genere paz y comodidad para esta meditación es sabio, porque las distracciones pueden arruinar el propósito de la meditación. No es necesario que busque un lugar fuera de su casa. Puede hacerla en su habitación, oficina o cualquier otro lugar tranquilo y pacífico.

2. Muchos yoguis recomiendan realizar la meditación con las piernas y manos posicionadas en un determinado ángulo, pero es una meditación sencilla, también para principiantes, así que no es crucial la posición de sus piernas. Debe cruzar las piernas cómodamente y poner las manos sobre las rodillas o el regazo.

3. Mantenga la espalda recta durante la meditación. Sin embargo, si sufre alguna lesión o dolor o acaba de empezar su práctica de meditación, puede ponerse una almohada en la espalda o apoyarse en la pared.

4. El cuarto paso consiste en cerrar los ojos y concentrarse en una cosa. Inhale y exhale, concentrándose en su respiración. Sienta cómo su pecho se mueve hacia dentro y hacia fuera. Mientras lo hace, tóquese el pecho, los hombros, el vientre o cualquier otra parte que le parezca adecuada. Está bien tener pensamientos mientras se medita, pero debe esforzarse por superar las distracciones y concentrarse mejor.

5. Lo ideal es meditar al menos veinte minutos al día. Sin embargo, si es principiante, puede hacerlo solo unos minutos, poner un cronómetro y ver cuánto tiempo puede meditar cada día. Aumente el tiempo un minuto al día hasta alcanzar los veinte o treinta minutos recomendados.

La meditación de atención plena también ayuda al despertar espiritual, así que mantenga una mentalidad positiva y sea paciente.

Domine la técnica de la respiración

Al practicar la meditación, especialmente la meditación de atención plena, es importante concentrarse en la respiración.

Para dominar las técnicas de respiración durante la meditación, primero debe sentarse recto y firme en el suelo. La posición de las rodillas y las caderas debe formar un ángulo de 90 grados, y la espalda debe estar recta. Sin embargo, si tiene alguna lesión o siente dolor, puede apoyarse en la pared o apoyar la espalda con una almohada o un cojín.

Empiece respirando relajada y naturalmente, sin alterar ni controlar la respiración. Después de respirar a un ritmo natural, respire profundamente por la nariz y sienta esa respiración en su cuerpo.

Sienta la expansión y contracción de los pulmones al inhalar y exhalar y sienta la respiración en el vientre y otras partes del cuerpo. Vuelva a respirar profundamente y repita el proceso unas cuantas veces.

Ahora respire profundamente por la nariz y exhale por la boca.

Cuando respire profundamente por la nariz, sentirá el calor del aire en la zona superior de la boca y la frescura cuando la libere.

Continúe con la conciencia del calor y la frescura del aire en las fosas nasales durante unos minutos. Una vez finalizado, recupere la atención lentamente y abra los ojos con suavidad.

Beneficios de la meditación

La meditación ayuda a ralentizar los pensamientos que afectan su salud mental y sus capacidades físicas. Aumenta las emociones positivas y ayuda a controlar emociones como la ira o el dolor. Mejora la capacidad de enfoque y concentración.

La respiración profunda durante la meditación ayuda a mantenerse despejado, fortaleciendo el sistema inmunológico. Ayuda a curar la depresión y también es efectiva para el despertar espiritual. También disminuye la ansiedad, el estrés y el dolor.

1. Una puerta a la energía psíquica

La meditación es una herramienta poderosa que ayuda a desarrollar las capacidades psíquicas. Todo el mundo puede desarrollar capacidades psíquicas a través de la meditación.

Cuando se medita, la mente se despeja y la concentración se enfoca en la respiración. La meditación da una mayor conciencia y ayuda a conectar con el propio centro y crear energía dentro del cuerpo.

Mucha gente toma la meditación como una herramienta, un propósito principal para relajarse, desestresarse y concentrarse, pero todo eso es solo un producto de la meditación. La meditación ayuda a deshacerse de la ira, la codicia y la ilusión. Cuando medita, se deshace de todas las cosas y crea energía interna para ir por el camino de la iluminación espiritual.

2. Posibilita la curación energética (*reiki*)

En términos sencillos, el *reiki* es la energía universal que se obtiene a través de la meditación. Es un estilo japonés de canalización de energía a través de todo el cuerpo. Esta energía proporciona un alivio inmersivo y ayuda a conectar con los guías espirituales. Los guías espirituales solo conectan y se comunican con los humanos que tienen una energía y una frecuencia elevadas, y el *reiki* ayuda a desarrollar esa energía.

La meditación *reiki* se realiza sentándose en un lugar tranquilo con una posición específica de las manos en puntos concretos del cuerpo. Ayuda a curar la depresión y la ansiedad y aporta concentración y tranquilidad para la mente.

3. La oración *gassho*

El Dr. Mikao Usui creó la técnica de oración *gassho*. La palabra oración se traduce como: «dos manos que se juntan».

Para realizar la oración de *gassho*, debe sentarse tranquilamente con la espalda recta y los ojos cerrados y adoptar la misma posición de la meditación. Coloque las manos en posición de oración juntando las palmas en posición de «*Namaste*» delante del chakra de la mano.

Si está distraído por algo, presione suavemente con la punta del dedo corazón para centrar la atención y deshacerse de los pensamientos.

Respire profundamente entre quince y treinta minutos. Puede empezar con cinco minutos diarios si es principiante. Esto le ayudará a concentrarse mejor, purificará su mente y su corazón y le aportará positividad.

Parte-II: VISUALIZACIÓN

¿Qué es la visualización?

La visualización es una técnica que centra y calma la mente al tiempo que fomenta la creatividad y la capacidad para resolver problemas. La visualización es un proceso de pensamiento. Primero se piensa en algo en la mente y luego se manifiesta en el plano físico.

El objetivo de la visualización es crear imágenes mentales positivas y relajantes para lograr un estado de relajación y concentración y mover la energía dentro del cuerpo.

Cinco técnicas para visualizar

Aunque puede llevar un tiempo acostumbrarse, existen cinco técnicas básicas para empezar con la visualización.

Técnica # 1. Respiración de colores

Esta visualización alivia el estrés y aporta vibraciones positivas y buen humor.

1. Elija un color que le guste.
2. Siéntese en una posición cómoda, igual que en la meditación. Ahora, cierre los ojos y respire profundamente, poniendo toda su atención en la respiración.
3. A continuación, visualice el color que ha elegido. Elija el color que sienta en ese momento o uno que le transmita vibraciones tranquilizadoras.
4. Respire profundamente mientras mantiene ese color en su mente. Imagine que respira y esparce este color por todas las partes de su cuerpo en forma de luz. Si durante la visualización le vienen pensamientos, imágenes o sonidos, reconózcalos y déjelos pasar tranquilamente.
5. Cuando exhale, visualice que está sacando el estrés y las preocupaciones.

Continúe con este proceso de visualización y respiración todo el tiempo que necesite para aligerar la parte del cuerpo que desee.

Técnica # 2. Visualización y meditación de compasión

La meditación de la compasión ayuda a comprender el sufrimiento de los demás y sus sentimientos y a sentir amor por ellos. La visualización de la compasión conduce a la mejora del estado de ánimo, al buen comportamiento y la disminución de la ira y la codicia. Los pasos a seguir son:

1. Para empezar, póngase cómodo. Cierre los ojos e inhale y exhale sintiendo cómo respira. Respire profundamente en diferentes lugares del cuerpo sin forzarse.
2. A continuación, visualice a la persona a la que quiere enviar amor y compasión. Puede ser un ser querido o incluso sus mascotas o animales.
3. Imagínelos en sus pensamientos y atraiga lo que siente por ellos, si siente amor o quiere ser compasivo con ellos en su dolor. Sea

deliberado y sincero con el sentimiento que quiere transmitir. Imagine el sentimiento en su mente y rodéelo de una luz dorada.
4. Diga estas palabras: «El dolor se va; la paz llega». Recuerde respirar mientras dice las palabras. Concéntrese en la luz dorada que ha imaginado y vea cómo abandona su cuerpo. Está viajando hacia la persona que lo necesita. También puede retener la luz dorada si necesita la curación para usted mismo.
5. Después de hacer esto, se sentirá lleno de amor y libre de dolor. Repita esta visualización cuando sienta que es necesario.

Técnica # 3. Relajación muscular progresiva

Este ejercicio de visualización muscular ayuda a liberar la tensión muscular y la rigidez causadas por la ansiedad o el estrés. A continuación, se indican los pasos a seguir:

1. Busque una postura cómoda.
2. Respire hondo y despacio por la nariz y mantenga la respiración unos segundos.
3. De nuevo, respire hondo, cierre los ojos y apriete los músculos del antebrazo y la boca. Transcurridos cinco segundos, exhale mientras visualiza que la tensión abandona su cuerpo.
4. De nuevo, respire profundamente mientras aprieta los músculos de las manos durante cinco minutos. Imagine que está exprimiendo un limón.
5. Exhale y visualice que toda la tensión sale de su cuerpo mientras exhala el aire.
6. Vuelva a respirar lenta y profundamente mientras aprieta los músculos de los hombros durante cinco segundos; intente tocarse las orejas con el hombro.
7. Repita el proceso de inhalación y exhalación en todos los músculos.

Técnica # 4. Imágenes guiadas

Las imágenes guiadas ayudan a liberarse del estrés y curan la depresión mediante la visualización de imágenes, paisajes y situaciones positivas.

1. Siéntese cómodamente y cierre los ojos, igual que en la meditación.
2. Inhale profundamente y visualice el paisaje o las imágenes con cada respiración.

3. Cuando quiera exhalar, visualice el estrés, los sentimientos incontrolables y la ansiedad abandonando su cuerpo.

Técnica # 5. Visualización de metas

La técnica de visualización de metas se utiliza para imaginar sus objetivos y asegurar su futuro. En esta meditación, debe visualizar su futuro o sus metas y crear una escena en la imaginación.

1. Visualice su éxito. Visualice su objetivo en su mente con todo detalle y véase a sí mismo consiguiéndolo.
2. Si aparecen pensamientos negativos, recite el mantra y mantenga la fe en sí mismo.
3. Respire lenta y profundamente, exhale y visualice su éxito o sus objetivos cumplidos.

Con estas técnicas, puede explorar el reino de la visualización y encontrar la forma que mejor se adapte a usted.

Hábitos para facilitar la visualización

1. Evitar el hábito de pensar demasiado

Para practicar la visualización, es importante no pensar demasiado. Durante la meditación y la visualización, suelen surgir distracciones.

Por ejemplo, en la visualización, si está practicando la respiración cromática o la visualización de imágenes y quiere centrarse en una caja o en un color, es posible que su cerebro empiece a pensar demasiado en la forma de la caja, en qué color elegir, etc. Estas distracciones arruinan el propósito de la visualización.

Sin embargo, es normal pensar demasiado y puede superarlo poco a poco practicando la visualización con regularidad.

2. Utilizar todos sus sentidos

Utilice todos sus sentidos para obtener más beneficios de la visualización. Por ejemplo, imagine un paisaje o una imagen usando todos los sentidos. Intente tocar, oler y utilizar su cuerpo en ese escenario. Esto potenciará la visualización y le ayudará a beneficiarse de ella.

3. Abandonar los juicios

En la visualización, es importante no juzgar ni compararse con los demás. La mente es engañosa y no para de pensar, lo que resulta agotador.

Muchos pensamientos necesarios o inusuales aparecen en su mente. Por ejemplo, durante la visualización, de repente puede empezar a pensar en su lista de tareas pendientes o en su próximo trabajo, en lugar de concentrarse en visualizar. Intente no juzgarse, porque todo lleva su tiempo y podrá centrarse más en la visualización practicándola a diario.

4. Mantenerse relajado durante la práctica

El paso más importante en la visualización es relajarse, sentarse en una posición cómoda y tener un entorno tranquilo que calme su mente. Practique la visualización a diario. Comience con cinco minutos al día y luego aumente el tiempo en un minuto diario.

Diversos beneficios de la visualización

Hay muchas ventajas que coinciden en las prácticas de meditación y visualización, lo que lleva a algunas personas a confundirlas. La visualización tiene algunos beneficios distintos que aclaran su importancia y su impacto positivo. A continuación, se enumeran algunos de estos beneficios:

1. Reduce el estrés y mejora la concentración y la claridad. En resumen, optimiza el funcionamiento general de los sentidos. Por esto, es una gran herramienta para artistas o escritores.
2. Proporciona gran estabilidad emocional e incluso puede fomentar el espíritu de bondad.
3. Una vez que empiece a practicar la «visualización», notará una mejora sustancial en la calidad del sueño y reforzará su sistema inmunológico.
4. Aporta energía positiva al cuerpo. También aumenta la creatividad y desarrolla la capacidad de resolver problemas.

Dicho esto, la meditación y la visualización van de la mano y no puede separarlas si realmente quiere experimentar un impacto positivo profundo.

Capítulo 4: Trabajar con sus guías

Los guías espirituales son las fuerzas universales que nos protegen, nos ayudan a amarnos y nos guían hacia la sabiduría. Son nuestros compañeros y nuestros padres divinos. Están con nosotros incluso antes de que nazcamos y pueden adoptar cualquier forma.

La forma en que los guías espirituales aparecen o se presentan depende de nuestras creencias. Pueden tener forma de ángeles, animales, ancestros, antepasados, plantas o cualquier forma que tenga significado para usted. Los guías espirituales están aquí para ayudarnos. Su propósito principal es enseñar o consolar, pero también ayudan a aprender sobre nosotros mismos y muestran el camino correcto para crecer.

Diferentes tipos de guías espirituales

Hay muchos tipos de guías espirituales. A continuación, se enumeran algunos, junto con una breve descripción.

1. **Guías espirituales ángeles**

Los ángeles guardianes enseñan valiosas lecciones, guían en las dificultades y ayudan a diferenciar entre el bien y el mal.

No son confesionales, por lo que protegen y guían a personas de todas las creencias y religiones. Todos tenemos más de un ángel de la guarda. Se les conoce como los «despiertos», y guían cuando son llamados espiritualmente.

2. **Guías espirituales animales**

Los animales son guías espirituales muy conocidos y poderosos. Son puros y naturales. A veces, son mascotas que han fallecido y regresan para ayudar.

También se puede tener guía espiritual a través de los animales de alrededor. Por ejemplo, los osos enseñan a ser fuertes y seguros de sí mismo, las mariposas muestran cómo convertirse en mejores personas, los gatos enseñan a ser independientes, los perros enseñan a ser leales y a dar amor incondicional a los seres queridos y los búhos muestran sabiduría.

Las Mariposas son un ejemplo de los guías espirituales animales
https://pixabay.com/es/photos/mariposas-flores-polinizar-1127666/

Se puede recibir orientación espiritual de los animales de alrededor pasando tiempo al aire libre y centrándose en el comportamiento inusual de los animales que aparecen, una y otra vez, prestando atención a cada actividad que se produce alrededor. Enseñan la lección del empoderamiento, a soltar las cosas pequeñas y dan lecciones de amor y alegría.

3. Los antepasados como guías espirituales

Los seres queridos fallecidos también pueden ser guías espirituales. Apoyan desde el cielo y muestran el camino correcto, ya sea en lo profesional o en la trayectoria vital.

Puede ser cualquier persona, tanto si hay una conexión de sangre como si no. Cualquier ser humano fallecido puede convertirse en un guía espiritual que una vez estuvo en la misma posición y ahora quiere ayudar.

4. **Los maestros como guías espirituales**

Maestros como Buda son los maestros por excelencia. Son iluminados y nos guían y enseñan durante el viaje del despertar espiritual. Trabajan como líderes o maestros en el mundo espiritual y ayudan a conectar con lo divino.

5. **Guías espirituales de protección**

Los guías espirituales de protección o ángeles ayudantes acuden a los humanos en sus dificultades. Dan señales y signos para advertir a los humanos sobre situaciones peligrosas a las que podrían enfrentarse en el futuro. Los protegen y ayudan en sus tareas diarias.

6. **Seres de luz**

Este es otro nombre para los ángeles de la guarda, pero a la gente no siempre le gusta utilizar el término ángel. Son espíritus que guían en situaciones difíciles o en la recuperación de sucesos traumáticos. Pueden estar envueltos en luz para guiar literal y metafóricamente por el camino correcto.

Cómo trabajar con los guías espirituales

Los guías espirituales, guardianes y protectores, son fáciles de encontrar y comunicarse con ellos, pero se requiere una creencia interna. No pueden interferir en su vida hasta que usted lo pida.

Los guías espirituales o ángeles existen en frecuencias más elevadas y no necesariamente son visibles para los ojos físicos. Sin embargo, pueden comunicarse a través de símbolos y signos y establecer conexiones con usted y con su corazón.

Para visualizarse con los guías espirituales, debe imaginarse a sí mismo en una frecuencia y nivel de energía más elevados. Una vez que esté alineado en la frecuencia, los guías espirituales responderán a su llamada. Si no es capaz de sintonizar con sus niveles de energía, su guía espiritual no podrá escuchar su mensaje.

El nivel medio de frecuencia de un ser humano está entre 62 y 75 MHz. Si se siente mal, su nivel de frecuencia caerá por debajo de los 62MHz. Cuanto más alto sea el nivel de frecuencia, mayores serán las posibilidades de que lo oigan.

Todos los ángeles ayudan y guían, pero debe estar alerta a sus señales, que a veces son muy sutiles. Un espíritu guía encuentra la forma de comunicarse; el trabajo del ser humano es escucharle.

Todo el mundo tiene ángeles, un equipo de guías espirituales dispuestos a ayudar cuando se requiere. Intente interpretar sus mensajes, crear un lenguaje, una forma de comunicarse con ellos, porque encontrarán la forma de ayudarle, pero usted debe ser capaz de sintonizar con su intuición.

Una forma sencilla de conectar

Los guías espirituales hablan en silencio o dan señales y signos. Las señales pueden ser signos físicos o mensajes.

Mantenga su mente consciente, pero sepárela del mundo exterior para conectar con ellos. La mente es muy activa. No para de pensar en cosas, en próximos trabajos y en otros problemas de la vida. Cuantos más pensamientos haya en su mente, menos podrá escuchar y centrarse en los guías espirituales.

La mente funciona como un filtro que separa el mundo exterior de la ilusión. Debe mantener su mente consciente y comunicarse con su guía espiritual.

Practique el arte de la meditación

La meditación ayuda a conectar con los guías espirituales
https://www.pexels.com/photo/fashion-people-woman-relaxation-8391315/

La meditación ayuda a conectar con ellos a través de la mente consciente. Genera paz interior y permite mantener las preocupaciones y los problemas fuera de la mente para comunicarse fácilmente con los guías espirituales.

Para meditar, busque un entorno agradable, tranquilo y apacible en el que ninguna fuente o voz externa pueda perturbarlo. Calme su cuerpo, siéntese cómodamente con los ojos cerrados y reproduzca mantras u oraciones durante cinco o diez minutos.

Durante este periodo consciente, sentirá muchas cosas. Fíjese un objetivo de dos a tres semanas, ya que es probable que no sienta algo de inmediato, porque la guía espiritual depende del nivel de energía y creencia.

Hay otro nivel de conciencia que es el corazón.

Cuando pase el tiempo y pueda conectarse con sus guías espirituales fácilmente, no recibirá ninguna señal o signo y no necesitará llamar a sus guías espirituales para que le ayuden. En su lugar, su corazón dará señales, le dirá lo que está bien y lo que está mal y cuál es el mejor camino para usted. Esto sucede cuando ha alcanzado un nivel superior de despertar espiritual y su ángel, maestro o guía espiritual, está dentro de usted.

Otra parte importante de conectar con sus guías es permitirles que le ayuden en su vida. Puede dejarlos entrar en su vida dándoles permiso. Hágalo en voz alta o desde su corazón. También puede escribir una nota en un diario.

Después de darles permiso, pídales que refuercen su mensaje, que lo hagan evidente en la realidad 3D, con señales físicas y comunicaciones claras.

Cuanto más tranquila esté su mente, más fácil será conectar con sus guías espirituales. Manténgase presente, con su mente consciente, mirando y observando el mundo exterior, para no perderse los mensajes. A veces, los guías espirituales dan señales repetidamente, pero su mente no los recibe porque no está prestando suficiente atención. Asegúrese de mantener su mente consciente después de pedir ayuda.

Los guías espirituales también pueden aparecer en los sueños. Antes de acostarse, relájese y pídales que se manifiesten o que le envíen señales en sueños. De nuevo, no aparecerán instantáneamente, pero inténtelo una y otra vez y ponga la máxima energía y conciencia en ello.

También puede conectar con ellos a través del tarot. Puede leer el tarot por su cuenta o pedirle a alguien que se lo lea. Poner música relajante y hacer ejercicio también ayuda a conectar con los guías espirituales.

Señales de que se están comunicando

Los guías espirituales se comunican de maneras sutiles para ayudar en ciertos aspectos de la vida. Pueden enviar señales de muchas maneras, y depende del despertar espiritual de cada uno comprenderlas.

1. Sueños lúcidos

A veces, los guías espirituales crean escenarios vívidos y transmiten sus mensajes a través de sueños y visiones. Sin embargo, puede ocurrir que, cuando se despierte, olvide por completo el sueño. Para recordarlo, anote todo lo que recuerde en un diario e intente concentrarse en la señal que le ha dado su guía espiritual.

2. Intuición

Los guías espirituales suelen enviar mensajes a través de la intuición. Puede oír fuertes voces telefónicas o tener sentimientos viscerales hacia determinados tipos de trabajos o personas.

Estas señales son ayudas y guías de los guías espirituales en situaciones difíciles.

3. Música

La música es un lenguaje universal con un nivel de frecuencia más alto que ayuda a los guías espirituales a comunicarse.

Si de repente ve o escucha música antigua o letras que tienen conexión con su vida, podría ser una señal de los guías espirituales.

4. Números repetidos

Si ve números, citas o frases repetidas, sus guías espirituales podrían estar tratando de conectarse repetidamente con usted a través de materiales escritos y darle un mensaje.

5. Toques

Si siente algún toque ligero en el cuello, hombros o cabeza y una sensación de que alguien está acompañándolo o vigilándolo, no debe tener miedo, porque los guías espirituales se están manifestando.

Otras señales puede surgir a partir del olfato, como un olor agradable y repentino que le recuerda su pasado o un acontecimiento importante.

Las plumas blancas también son una señal de los guías espirituales. Son signos de la suerte. Se pueden encontrar en los lugares más extraños, que puede aceptar o no, pero si ve plumas blancas, considérelo una señal de sus guías espirituales.

Beneficios de tener guías espirituales

Los guías espirituales son entidades positivas incorpóreas que guían y ofrecen ayuda a los seres humanos vivos. Al conectar con ellos, puede conectar dos mundos diferentes, el material y el espiritual.

1. Guías

Los guías espirituales son guardianes del alma. Muestran el camino correcto y ayudan en los altibajos de la vida. Guían durante toda la vida.

Se debe tener fe en los propios guías espirituales y darles las gracias después de recibir orientación.

2. Apoyos

Son un sistema de apoyo. Al conectar con ellos, nunca se sentirá solo. Estarán con usted frente a cualquier obstáculo y lo guiarán y apoyarán.

Son navegantes de la vida y ayudan con los problemas en relaciones o amistades, así como en la trayectoria profesional y a no tomar decisiones equivocadas.

3. Maestros

Se convierten en maestros o mentores de vida una vez que se conecta con ellos. Los guías espirituales son los mejores compañeros y amigos del ser humano.

Ayudan a lidiar con el mundo exterior y, al tenerlos al lado, se puede afrontar fácilmente cualquier obstáculo de la vida, porque son mentores y enseñan en cada fase de la existencia.

4. Protectores

Protegen todos los aspectos de la vida y contra cualquier cosa mala. Para protegerse de lo malo, se debe centrar en las cosas que suceden a su alrededor, porque los guías dan señales continuamente.

Si no siente buenas intenciones de algo o alguien, aléjese, porque puede ser una señal de los guías espirituales.

¿Cómo complementan una sesión de *reiki* psíquico?

El *reiki* guía la energía universal que está en todos. En este proceso, los terapeutas pueden canalizar la energía en el cuerpo de los pacientes para activar la curación natural y el despertar espiritual.

El *reiki* se realiza para aliviar el dolor y la depresión, además de lograr la relajación del cuerpo y filtrar la mente de pensamientos inútiles.

Para conectar con los guías espirituales, es esencial llamarlos utilizando energía y una frecuencia más alta. Cuanto mayor sea el nivel de energía, antes responderán. Un bloqueo repentino afecta este llamado, y el *reiki* se realiza a menudo para eliminar los bloqueos del cuerpo.

El *reiki* se realiza colocando las manos en posiciones específicas. Es posible que al hacerlo sienta presión repentina en el pecho y hormigueo en los brazos y las piernas. Esta sensación indica el bloqueo de energía. Durante el *reiki*, el cuerpo libera el estrés y la depresión y vuelve a su estado natural.

La presión repentina y el hormigueo significan que su cuerpo está logrando su estado natural y eliminando el bloqueo.

El *reiki* transfiere energía positiva para centrarse en los acontecimientos actuales. El *reiki* aclara la mente y ayuda a concentrarse en los problemas y oportunidades de la vida. Al concentrarse en el presente, es más probable captar una señal o un mensaje de los guías espirituales.

El *reiki* ayuda a dormir mejor. Después de una sesión, el cuerpo se siente completamente relajado y libre de tensión, lo que ayuda a dormir y sanar mejor, y un sueño tranquilo significa más posibilidades de tener sueños lúcidos con señales y guías.

Ayuda con la armonía y el equilibrio

El *reiki* mueve la energía alrededor del cuerpo, destrabando bloqueos y enviando la energía a donde necesita ir para crear equilibrio. Esto incluye todos los sistemas del cuerpo y crea un ambiente de armonía que conduce a un estilo de vida equilibrado.

El *reiki* ayuda con la relajación física. Ayuda al cuerpo a alcanzar su estado natural. Ayuda a concentrarse en aquello en lo que se quiere poner la energía.

El *reiki* se originó en Japón en el año 2000, y posteriormente se introdujo en todo el mundo. A medida que se extendía por el mundo, este arte se fue desarrollando. El *reiki* no es solo un movimiento de manos, puede ser también una terapia con mascotas, música, respiración profunda y mucho más. Todas estas terapias pueden ser un despertar espiritual meditativo.

Una sesión de *reiki* se realiza para calmar la mente y ayudar en el despertar espiritual.

En las sesiones de *reiki*, además del masaje manual, suele utilizarse música para relajar la mente. Esta terapia se denomina terapia *karuna*. Durante ella, los terapeutas ponen música relajante, audios de la naturaleza con sonidos que transmiten energía y mensajes positivos en el cuerpo.

Otra sesión de *reiki* psíquico es el *reiki* arco iris. En esta sesión, se utilizan los siete chakras principales del cuerpo para la curación. Este aporte espiritual se utiliza para sanar y comprender la naturaleza y las cosas que nos rodean.

Las sesiones de *reiki* aromático también ayudan al despertar espiritual. Una sesión de *reiki* combinada con aceites de aromaterapia es un gran relajante y aporta placer. Los aceites de aromaterapia tienen esencias que enlazan con cada persona, su vida pasada o cualquier acontecimiento especial. A través de esto, es posible enfocarse mejor en eventos pasados y la conexión con los guías espirituales.

Hay muchas otras formas y tipos de *reiki* que complementan e inician el despertar espiritual del ser humano.

Capítulo 5: Limpieza y conexión a tierra

El mundo está lleno de energía, tanto buena como mala. Las personas con las que interactuamos y las herramientas u objetos que utilizamos a diario tienen campos de energía y auras. Lo que quizá no sepa es que estas cosas tienen un impacto significativo en las propias energías, ya que las vibraciones fuertes atraen fácilmente hacia ellas. Por eso es esencial limpiar la energía con regularidad. Esto permite identificar la propia frecuencia vibratoria y garantizar que el aura interior fluya sin problemas.

La limpieza energética ayuda a eliminar pensamientos y emociones intrusivos, permitiendo mantener una visión positiva de la vida. Puesto que la energía fluye, intentar suprimir la negatividad o alejarla de la mente solo crea problemas adicionales. La limpieza permite que las vibraciones negativas fluyan fuera de la mente y el cuerpo. Los efectos de esta práctica no se experimentan inmediatamente, sino que se notan gradualmente. Cuanto más practique las técnicas, más le podrá beneficiarse de ellas. Requiere mucha determinación, concentración y, sobre todo, paciencia.

Imagine el mundo como una enorme batería. Está cargada de forma natural con su propia energía única y sutil. Garantiza la estabilidad, protección y seguridad. Todo lo eléctrico, ya sea un televisor o el cuerpo mismo, está conectado con la Tierra. Esta conexión es lo que conocemos como estar «conectado a tierra». Practicar la conexión a tierra ayuda a disminuir el estrés y la tensión y promueve energías positivas como la fuerza y el equilibrio. Estar enraizado genera una sensación de concentración y evita el dolor y los síntomas de malestar físico.

Los síntomas de malestar físico no son tan evidentes como se piensa. Tomemos como ejemplo los dolores de cabeza. La mayoría de la gente no le da mucha importancia a estos dolores, aparentemente insignificantes. Toman un analgésico y ya está. Sin embargo, no se dan cuenta de que su dolor puede ser la manifestación de un obstáculo en el flujo energético. Los dolores de cabeza pueden ser un signo de estrés, incertidumbre, falta de claridad mental, abundancia de pensamientos negativos y muchas otras cosas. Por eso, los dolores de cabeza suelen venir acompañados de la necesidad imperiosa de alejarse de todo. Nunca se deben ignorar los síntomas de malestar físico porque, en la mayoría de los casos, el cuerpo está intentando decir algo. Dedicarse a una actividad que alivie el estrés o practicar un pasatiempo puede ayudar a elevar las vibraciones y liberar las energías negativas acumuladas.

Cualquier tipo de trabajo curativo debe ir precedido de una limpieza energética y una conexión a tierra. En este capítulo se explica qué son la limpieza y la conexión a tierra. También se repasan algunas técnicas que puede utilizar para limpiar su energía y centrarse.

¿Qué es la limpieza energética?

Muchos confunden «sanación energética» con «limpieza energética». Aunque parece que ambos se refieren al mismo proceso, los conceptos son muy diferentes. No puede comenzar el proceso de sanación sin haber limpiado su energía. Sanar su energía tiene que ver con todo tipo de desequilibrios. Al fin y al cabo, la energía es la base de todo. Incluso las cosas intangibles, como las emociones, los pensamientos y el lado espiritual, son energía. La limpieza energética, en cambio, se refiere a situaciones específicas. A veces, se encuentra en algún lugar o lidiando con algo con una energía que ya no sirve. En ese caso, puede tomar medidas correctivas de limpieza energética para liberar esas energías negativas.

¿Necesito limpiar mi energía?

Cualquier persona con un bloqueo en su energía vibracional necesita practicar actividades de limpieza energética. Pero, ¿cómo saber si necesita limpiar su energía?

Los siguientes son algunos signos reveladores de que necesita limpiar su energía:

- Insomnio, mala calidad del sueño u otros problemas relacionados.
- Cansancio, depresión, estrés, ansiedad o letargo sin motivo aparente.
- Fatiga constante, incluso después de haber dormido bien toda la noche.
- Diversos problemas de salud repentinos, ya sea simultáneamente o uno tras otro. Por ejemplo, dolor físico, tensión muscular, rigidez, dolores de cabeza, letargo, mareos, etc.
- Percepción negativa del ambiente. Sensación constante de que algo malo está ocurriendo o va a ocurrir.
- Siente que algo no va bien, pero no puede determinar cuál es el problema.
- No puede deshacerse de sentimientos, vibraciones o impresiones negativas con respecto a un lugar, una situación o una persona.
- No puede permanecer sentado o quieto, especialmente cuando se trata de un comportamiento atípico. Siempre está inquieto o intranquilo.
- Tiene la energía estancada o se siente atascado.
- Sus emociones están confusas, experimenta cambios extremos o golpes repentinos emocionales sin razones claras o evidentes.
- Improductividad, incapacidad de controlar los pensamientos, niebla cerebral o su mente y sus acciones son circulares.
- Necesita limpiar su energía si la nota apagada y no puede precisar cuál es la causa del problema.

Limpieza de energías

Burbuja de luz

La técnica de la «burbuja de luz» es una de las prácticas de limpieza energética más populares, principalmente porque es fácil y eficaz. Este método puede practicarse de pie, sentado o acostado.

Póngase en una posición cómoda y cierre los ojos. Concéntrese en su centro. Imagine que allí hay una pequeña llama inofensiva. La llama es blanca y, a medida que se concentra en ella, se vuelve más brillante y fuerte. Pídale a esta llama que proteja su cuerpo. Va a impedir que las influencias externas le hagan daño. Visualice el crecimiento gradual de la llama hasta que ilumine todo su cuerpo. Una vez que esta luz lo ha llenado, pídale que penetre en su piel y que se abra camino hasta su cuerpo energético.

Esta práctica puede realizarse a diario o cada vez que sienta que la necesita. Resulta muy útil cuando hay mucha energía en el ambiente. Excúsese de reuniones familiares agobiantes, reuniones conflictivas, discusiones u otras interacciones desagradables para realizar esta práctica. Si no es posible, hacerla después puede ayudar a liberar energías no deseadas.

Manos *namasté*

Es muy probable que haya oído hablar de la popular práctica de yoga en la que los practicantes juntan las manos y dicen «*namaste*». Quizá sea la despedida hindú y budista más común. Sin embargo, lo que quizá no sepa es que esta práctica contiene un significado mucho más profundo.

Si lo piensa, la esencia del yoga es limpiar y reestructurar la energía y el espacio en los aspectos físicos, espirituales, emocionales y mentales del ser. Después del tiempo y el esfuerzo que dedica a desprenderse de lo que ya no le sirve para dar espacio a la positividad, puede crear un círculo simbólico para cerrar estos esfuerzos juntando las manos. Colocar las palmas de las manos paralelas al corazón ayuda a confirmar que lo que ha soltado permanece fuera de su cuerpo y que todo lo que ha atraído y construido permanece a salvo en su interior. Aunque lo ideal es practicarla después de otra actividad de sanación o limpieza, puede beneficiarse de ella en cualquier momento y lugar. Sin embargo, juntar las manos delante de los brazos en un lugar público puede parecer extraño. Si está sentado ante una mesa, puede hacerlo bajo su superficie. El corazón cumple un papel simbólico importante. Pero la mano y el tacto son más poderosos. Hacerlo siempre que haya mucha energía no deseada rondando le permite declarar que nada entrará o saldrá sin su permiso. Las palmas tienen centros receptivos y expresivos que sirven como barreras.

Enlazar

El enlazamiento es una práctica milenaria influenciada por las prácticas chamánicas. Irónicamente, esta técnica se parece mucho a una práctica de desenlazar, que limpia la energía, la protege y contiene. Los lazos simbolizan los vínculos y conexiones energéticas que un individuo cultiva con otra persona, un grupo de personas, un lugar, un hábito, una idea, una herida emocional o incluso un objeto. Se llama lazo porque no es solo una conexión, sino un vehículo que permite el intercambio de energía entre ambas entidades. La energía dada o recibida no siempre es recíproca. En las relaciones tóxicas, la energía se agota y nunca se repone.

Como se acaba de explicar, cuando se establece una conexión con otra entidad se forma un lazo. También se pueden formar lazos si otra persona los une a usted, aunque usted no intente construir la misma conexión. Un profesor lo hace con sus alumnos, y los autores con sus lectores. Estos lazos pueden estar atados maliciosamente por odio, asco o celos, o positivamente como reflejo de admiración y respeto. De cualquier forma, estos lazos están fuera de su control y lo incapacitan para controlar su propia energía. Por ejemplo, quienes no pueden superar sus relaciones pasadas suelen intentar cultivar nuevamente estos lazos. La mayoría de las veces, esto crea un efecto perjudicial. La mejor manera de remediar esta situación es practicar esta técnica.

Empiece con la postura de la montaña y cierre lentamente los ojos. Observe la energía fluyendo por su cuerpo: todo está conectado. Muévase desde la parte superior de la cabeza hasta la punta de los pies. Mientras lo hace, imagínese arrancando estos lazos y liberándolos de su cuerpo. Repase su cuerpo energético, arrancando todos los lazos tres veces. Termine la práctica con el ejercicio de la «burbuja de luz».

Reiji Ho

El *Reiji Ho* es una técnica de limpieza de energía *reiki*. A diferencia de otras posturas de las manos en el *reiki*, este método es más intuitivo. Ayuda a localizar desequilibrios y fomentar el equilibrio, dando oportunidades de curación energética.

Para practicar esta técnica, siéntese cómodamente y ponga las manos en *Gassho*, o posición de oración. Cierre los ojos y lleve su atención al centro del bajo vientre o abdomen. Concéntrese en la respiración. Active el *reiki*, permitiendo que la energía fluya por todo su cuerpo, llegando a todas sus células. Imagine que lo llena a usted y al espacio que lo rodea.

Mueva las manos hacia la frente, solicitando una sanación holística. No guíe sus manos, deje que se dirijan hacia las zonas de su cuerpo que necesitan curación. No supervise el proceso ni lo interrumpa. Cuando sus manos se detengan, deje que transmitan las energías positivas. Sabrá intuitivamente cuándo haya terminado una zona determinada o todo el proceso. Cuando haya terminado, apoye las palmas de las manos sobre el regazo. Respire hondo y agradezca.

Cómo Limpiar la Energía

Sahumerios

Los sahumerios son una técnica muy eficaz para limpiar la energía. Se sabe que tienen varios beneficios para la salud debido a sus cualidades antimicrobianas. También se ha demostrado que influyen positivamente en el estado de ánimo y ayudan a combatir el insomnio.

Mantenga una puerta o ventana abierta mientras practica esta técnica. Esto sirve como medida de seguridad y como puerta para que las energías negativas abandonen el espacio. Empiece estableciendo sus intenciones con respecto a las cosas que desea liberar y el espacio que quiere limpiar. Piense en una oración o mantra relevante que pueda repetir a lo largo del proceso. Un mantra sencillo sería: «Suelto lo que no me sirve». Ahora que está preparado, sujete la salvia en un ángulo de aproximadamente 45 grados y enciéndala con una vela o cerilla. Deje que arda durante veinte segundos antes de apagar la llama. Antes de que el humo se expanda hacia arriba, verá unas brasas anaranjadas. Camine lentamente por el espacio para esparcir el humo, guiándolo suavemente junto con la energía negativa hacia la puerta o ventana. Para apagar la salvia, presiónela firmemente sobre una superficie ignífuga.

Cuenco tibetano

Los sonidos, especialmente las campanas, absorben las energías negativas y las alejan. Los cuencos tibetanos tienen tonos puros, campaniformes y resonantes que equilibran los niveles de energía. Para utilizar este instrumento, debe colocarlo suavemente sobre la palma de sus manos. Tome conciencia de cómo se siente y de su peso. Cuando esté preparado, golpee suavemente el borde del cuenco un par de veces para familiarizarse con su sonido. Empiece a tocar libremente, dejando que las energías fluyan hacia su cuerpo. Muévase de un lado a otro para llenar su espacio. En cada lugar al que vaya, golpéelo tres veces y lleve su conciencia al tono que produce. Algunos lugares provocarán un sonido sordo, mientras que otros generarán sonidos más vivos, reflejando las energías de los diferentes lugares. Concéntrese en hacer sonar el cuenco cerca de paredes, ventanas y puertas. Puede mover el mazo en círculos en el sentido de las agujas del reloj sobre el borde como alternativa a golpear el cuenco.

¿Qué es la conexión a tierra?

La conexión a tierra es una práctica terapéutica que también se conoce como «enraizamiento». Practicar esta técnica requiere acostarse en el suelo y cultivar una fuerte conexión eléctrica con la Tierra. La física de la conexión a tierra y la ciencia del enraizamiento son campos científicos que se ocupan de cómo las cargas eléctricas de la Tierra influyen positivamente en el cuerpo. Es muy importante tener en cuenta que las técnicas de conexión a tierra utilizadas para hacer frente a los problemas de salud mental son diferentes de estas técnicas de conexión a tierra.

Cualquiera puede practicar las técnicas de conexión a tierra. Son muy beneficiosas cuando se trata de sintonizar y equilibrar las energías físicas y espirituales del ser. La conexión a tierra permite trasladar la conciencia al momento físico presente. Esto fomenta una energía estable y enfocada, que permite más concentración y fuerza mental.

Cómo conectarse a tierra

Raíz de árbol

Salga a la naturaleza y busque un lugar seguro y tranquilo para pararse o sentarse descalzo en el suelo. Mantenga los pies apoyados en el suelo y respire profundamente, concentrándose en cómo siente la tierra debajo de usted. Visualice que sus pies echan raíces hacia el centro de la Tierra. Inhale profundamente desde las raíces, arrastrando la energía a través de las plantas de los pies y hacia el interior de su cuerpo. Deje que atraviese su ser, nutriéndolo en el proceso. Imagine que la tensión sale por su coronilla. Levante los brazos y visualícelos como largas ramas de árbol. Levante los brazos para sentir el calor del sol. Aliméntese de la energía relajante del sol y de la tierra.

Cristales curativos

Lleve consigo un cristal curativo para conectarse a tierra. Tenga en cuenta que cada cristal curativo tiene una función distinta. Elija cornalina, piedra de sangre, ojo de tigre dorado, hematites, ámbar, pirita o granate para conectarse a tierra.

Enraizamiento

Camine descalzo por la arena, la hierba o la tierra. Esto le ayudará a recargar su energía.

Puede pensar en la energía como un espectro con un extremo claro y otro muy oscuro. La compasión, la atención, el amor y otras vibraciones positivas se sitúan en el lado luminoso del espectro. El odio, el miedo y otras vibraciones bajas y negativas se sitúan en el lado oscuro del espectro. Todo en el mundo, incluidos los seres humanos y los objetos inanimados, envía y recibe energía constantemente. Por eso es importante reflexionar sobre la vida cotidiana y las interacciones, para controlar estos intercambios de energía antes de embarcarse en el viaje de la sanación.

Capítulo 6: Desarrollar las habilidades psíquicas

¿Alguna vez se ha preguntado cómo los lectores de tarot y oráculos reúnen toda la información que necesitan para dar a sus clientes una mejor comprensión de su realidad y una visión de lo que les espera? La clave no es otra que las cuatro claridades de la intuición. Los psíquicos y los lectores trabajan constantemente para desarrollar y fortalecer su intuición. Cuando es altamente intuitivo, puede captar fácilmente lo que se le comunica. Las cuatro claridades se conocen como clariaudiencia, que significa «audición clara»; clarividencia, que significa «visión clara»; clarisentencia, que se refiere a «sentimientos claros»; y clariconciencia, que es «conocimiento claro».

Algunas personas nacen con claridades naturalmente más fuertes. No es raro encontrar a alguien con una clarisentencia muy fuerte pero una clarividencia débil. Hay muchos cuestionarios en línea que puede hacer para descubrir su claridad más fuerte. Afortunadamente, también hay muchas cosas que puede hacer para mejorar sus habilidades psíquicas e intuitivas en general.

En este capítulo, se exploran las cuatro claridades en mayor profundidad. Luego, encontrará varios consejos y técnicas para desarrollar y refinar sus habilidades psíquicas.

Intuición y psíquica

¿Sabía que, hasta cierto punto, todos somos psíquicos? Todos tenemos capacidades intuitivas naturales. Sin embargo, tendemos a ignorarlas o a subestimarlas, sobre todo porque tenemos expectativas muy altas respecto a lo que deberían ser las habilidades psíquicas. Nos engañan haciéndonos creer que las habilidades psíquicas son más complejas y difíciles de conseguir de lo que realmente son. Por eso, la mayoría de la gente piensa que estas habilidades son completamente elevadas y están fuera de su alcance; por lo tanto, nunca las fortalecen.

Aunque no todo el mundo quiere ser psíquico, unos pocos se dan cuenta de que desarrollar sus capacidades intuitivas sirve en numerosos aspectos de la vida. Experimentamos el impacto de la intuición todos los días. ¿Sabe por qué se siente extrañamente incómodo cerca de una persona específica? ¿O por qué entra en una habitación y percibe malas vibraciones? Es su intuición la que se lo indica.

La intuición es lo que protege de posibles daños. Infunde confianza en los propios conocimientos y permite tomar decisiones mejores más rápidamente. La voz interior, o intuición, va más allá de la lógica y la razón normales. Permite combinar la información que se conoce con lo que somos esencialmente para actuar en consecuencia. La intuición también se asocia con una mayor creatividad, lo que crea mayores oportunidades.

Si desea echar las cartas, realizar lecturas de tarot o simplemente quiere agudizar sus sentidos y facilitar sus experiencias cotidianas, debería plantearse el trabajo de sus capacidades intuitivas.

¿Qué son las claridades?

Existen ocho sentidos psíquicos a los que se puede recurrir para recibir información sobrenatural:

1. **Clarividencia** - Visión clara.
2. **Clariaudiencia** - Audición clara.
3. **Claridad mental** - Pensamientos claros.
4. **Clarisentencia** - Sentimientos claros.
5. **Clarigustancia** - Sentido del gusto claro.
6. **Clarisaliencia** - Sentido del olfato claro.
7. **Clariempatía** - Emociones claras.

8. **Claritangencia** - Sentido del tacto claro.

Sin embargo, los cuatro primeros, de los que hablaremos más adelante, son los más importantes. Son indispensables cuando se trata de buscar orientación en el camino de crecimiento y transformación. Centrarse en estos cuatro ayuda a elevar la conciencia colectiva. Desarrollar estas habilidades de claridad permite elevar la empatía y la intuición, lo que ayuda a cuidar las relaciones y mejora la capacidad para tomar decisiones.

Clarividencia

Cuando aparece la palabra vidente, la mayoría de la gente se imagina inmediatamente a una mujer mirando una bola de cristal, esperando a que el futuro de su cliente se despliegue ante sus ojos. Este estereotipo es quizá la razón del término clarividente, que muchas veces se toma como sinónimo de la palabra psíquico. Mucha gente no se da cuenta de que la clarividencia es solo una de las numerosas claves y herramientas que utiliza un vidente.

Un psíquico recibe mensajes clarividentes o descargas como escenas, colores, sueños, visiones o imágenes en su mente, o incluso externamente, mediante sus ojos. Estos mensajes no siempre son directos, a menudo son metafóricos. Sí, como los sueños. Por ejemplo, puede parecer que un cliente abrumado o estresado se está ahogando. Si alguien está experimentando grandes cambios en su vida, el vidente puede ver que el suelo tiembla bajo sus pies. La pesca representa la búsqueda de nuevas oportunidades. Diferentes lectores pueden obtener metáforas o descargas diferentes de un cliente a otro.

Dependiendo de cómo se manifieste esta habilidad, diferentes psíquicos las utilizan para diferentes propósitos. Lo crea o no, algunas personas utilizan sus habilidades de clarividencia para encontrar objetos perdidos. No es raro encontrar a un vidente con sentidos visionarios agudizados que sirven para ayudar a otros a encontrar sus llaves, mascotas, etc. Este don no solo ayuda a los portadores a comprender mejor sus almas y las almas de todo el universo, sino que también permite que lo utilicen para el bien común.

Clariaudiencia

La clariaudiencia es la capacidad de recibir mensajes audibles de una entidad superior o del mundo espiritual. Las personas con clariaudiencia pueden oír sonidos que nadie más puede oír, superando el nivel normal de conciencia y el mundo físico. Hay que ser increíblemente intuitivo para recibir mensajes vocales del reino espiritual.

Los mensajes recibidos pueden ser muy claros, lo que significa que el psíquico puede recibir ciertas palabras o frases u oír nombres específicos, o pueden ser vagos y presentarse mediante música u otros sonidos imperceptibles. Estos sonidos a menudo difieren de lo que solemos oír en el mundo físico. Los psíquicos pueden sentir como si las palabras se les dijeran directamente al oído o dentro de la cabeza. También pueden oír ruidos que resuenan desde un reino diferente. Suelen ser atormentadores y bastante fuertes. Los sonidos permanecen constantes, con un tono tranquilo y uniforme. Algunos videntes oyen las voces de sus seres queridos que han fallecido. Los clariaudientes suelen recibir sus mensajes durante momentos significativos, como emergencias o crisis. Las voces también se hacen oír para guiar al psíquico cuando se encuentra en una encrucijada. Algunos videntes oyen las voces de los espíritus en sus sueños. La mayoría de las descargas psíquicas destinadas a los clientes son directas y breves.

La mayoría de los clariaudientes rara vez se dan cuenta o hablan de sus habilidades. Esto se debe a que oír sonidos que nadie más puede oír es un síntoma de esquizofrenia o psicosis. Incluso quienes lo saben todo sobre la clariaudiencia y son conscientes de sus capacidades pueden tener dificultades para dar sentido a los mensajes que reciben, sobre todo cuando no son directos o son solo sonidos aleatorios.

Clarisentencia

Los mensajes de la clarisentencia son sensaciones puras, lo que los convierte en la capacidad intuitiva más común de las cuatro claridades. Todo el mundo tiene instintos viscerales, independientemente de lo fuertes que sean. Muchas personas también son empáticas, lo que les da la capacidad de percibir las emociones de otras personas o sentir el ambiente general de una habitación. Los psíquicos clarividentes pueden distinguir la energía de los demás en cuanto los ven o hablan con ellos. Se trata de una habilidad intuitiva importante, que añade mucho a la lectura cuando se combina con otras habilidades psíquicas. Cada vez que un psíquico recibe un mensaje, su clarisentencia suele hacerle saber lo importante que es la información para su cliente.

Las personas con altas capacidades de clarisentencia tienen acceso a las energías y los sentimientos de otras personas. También perciben las energías asociadas a determinados objetos, lugares o acontecimientos. Se relacionan fácilmente con todo lo que sucede delante de ellos y con las cosas que ocurren en diferentes momentos y lugares. Su gran intuición y empatía les dan acceso a información de nivel psíquico. Esto significa que «saben» cosas sin lógica ni razón. Los clarisintientes saben y sienten cosas que no les han sido reveladas previamente. Aunque todos podemos sentir ciertas vibraciones o energías, los clarisintientes experimentan sensaciones más intensas que no se pueden ignorar. Esta intensidad y claridad les da acceso a más información de la que puede obtener una persona empática media.

Los clarisintientes son atraídos fácilmente por las energías de vibración fuerte, ya sean positivas o negativas. Por eso tienden a tomarse las cosas de forma muy personal y es probable que se sientan agobiados por las emociones y experiencias negativas de los demás. Por eso, deben limpiar siempre sus campos energéticos y realizar prácticas de autocuidado.

Si un clarisintiente realiza una lectura a alguien con dolencias físicas, lo más probable es que sienta el estado de su cliente en su propio cuerpo. Por ejemplo, si alguien tiene problemas digestivos, el psíquico puede sentir un hormigueo, o cualquier otra sensación, en el vientre. Si el cliente, o alguien cercano a él, está experimentando dolor en las articulaciones de la rodilla, sentirá dolor en esa zona.

Claridad mental

A menudo se confunde la claridad mental con la clarisentencia debido a la similitud de ambas habilidades. Al igual que los clarisintientes, las personas con claridad mental saben cosas sin un razonamiento lógico adecuado. Simplemente conocen la realidad de las cosas o pueden saber cuándo están a punto de suceder, aunque no haya señales que lo indiquen. Si habla con un psíquico con claridad mental, podrá decirle si creció con una madre narcisista o acaba de salir de una relación tóxica. Los videntes con claridad mental pueden incluso darse cuenta si tiene problemas con su hijo altamente sensible debido a lo cauteloso que debe ser con él. Lo hacen agudizando su intuición, rodeando obstáculos subconscientes, traumas, heridas no sanadas y dolores del pasado. Pueden decirle exactamente qué es lo que lo está frenando y, a través de eso, pueden revelar qué tipo de patrones de relación o conexiones complejas tiene en su vida.

La intuición de alguien con claridad mental le produce a la persona una descarga instantánea y amplia de las luchas y la situación vital de su cliente. Al igual que los clarisintientes, se encuentran con sensaciones viscerales prominentes de las que no pueden deshacerse, por mucho que lo intenten. La diferencia es que la descarga psíquica se manifiesta como pensamientos en lugar de «sentimientos» de la energía o la información.

Para muchas personas con claridad mental, los mensajes llegan como bombillas que se encienden dentro de la cabeza. Este fenómeno suele durar una fracción de segundo. Los psíquicos pueden recibir estas noticias intuitivas en cualquier momento, ya sea trabajando, viendo la televisión, haciendo ejercicio o pintando. Aunque cabría esperar que estuvieran involucrados en una actividad relacionada de algún modo con la información recibida, teniendo en cuenta que llega en forma de pensamientos, no suele ser así.

Las habilidades de las personas con claridad mental pueden resultar molestas para muchos, sobre todo porque a menudo advierten sobre personas que conocen y les importan. Al fin y al cabo, nunca es bueno enterarse de que uno de sus mejores amigos ha estado mintiendo. Sin embargo, aunque haya cosas que parezca mejor no saber, esta habilidad puede proporcionar percepciones y conocimientos indispensables. Puede servirle de guía en muchos aspectos de la vida.

Desarrollar habilidades psíquicas

No importa en qué lugar de su viaje psíquico se encuentre actualmente o cuáles sean sus creencias con respecto a los psíquicos, porque lo más probable es que tenga sus propias tendencias psíquicas intuitivas. La mayoría de los individuos espirituales y psíquicos creen que todos tenemos inclinaciones extraordinarias. Todo lo que debemos hacer es aprender a desarrollarlas y afinarlas.

Las palabras intuitivo y psíquico son casi sinónimos. Ser altamente intuitivo permite aprovechar los poderes internos. Cuando alcance un nivel de conciencia suficientemente alto, será capaz de sentir, pensar, ver u oír cosas mucho más allá del mundo físico. Muchas personas experimentan este fenómeno a diario sin saberlo.

La intuición es quizá el único don que poseen todas las personas en el mundo. Si lo piensa, las cualidades y los rasgos solo se describen como dones cuando solo algunas personas los tienen, excepto en el caso de la intuición. Todo el mundo la tiene, pero solo unos pocos reconocen su poder y lo aprovechan.

Perfeccionar la clarividencia

1. Meditar

Para desarrollar su capacidad de clarividencia, colóquese en una posición cómoda y respire profunda y uniformemente. Asegúrese de que su respiración es rítmica antes de concentrarse en el chakra del tercer ojo. Imagine que respira luz a través de este centro energético durante toda la práctica de meditación. Permanezca en estado meditativo tanto tiempo como desee y practique con regularidad.

2. Mirar al sol

Aunque parezca una práctica dolorosa, eleva significativamente sus vibraciones y despeja las vías de comunicación clarividente. Enfréntese a la dirección del sol, dirigiendo su tercer ojo hacia él. Asegúrese de usar protector solar y cerrar los ojos. La mirada a la luz de la luna también es eficaz.

3. Activar su chakra del tercer ojo

La meditación, la introspección, el yoga y los cristales como la amatista, la labradorita o la sodalita son solo algunas de las cosas que pueden ayudarle a activar el chakra del tercer ojo.

4. Mejorar su dieta

Siga una dieta equilibrada y saludable y céntrese en alimentos como las setas, el zumo de noni y la miel, que ayudan a mantener activo el chakra del tercer ojo.

5. Utilizar vibraciones

Haga vibrar el chakra del tercer ojo cantando, tarareando o utilizando un cuenco tibetano. Esto ayuda a despejar cualquier obstrucción y a desviar energías obstinadas, asegurando un flujo libre en sus canales de comunicación psíquica.

6. Utilizar cristales y aceites esenciales

Utilice selenita, cuarzo transparente, lapislázuli, amatista u otros cristales del chakra del tercer ojo en su práctica meditativa. Colóquelos en su frente para obtener mejores resultados. También puede colocar los cristales sobre su esterilla mientras practica yoga. Frotar aceites esenciales como romero, palo santo, incienso y lavanda en la frente también es muy eficaz.

Desarrollar la clariaudiencia

1. Meditar

Póngase en una posición cómoda antes de inhalar, llenando todo el abdomen de aire. A continuación, exhale con fuerza. Hágalo varias veces mientras mantiene la conciencia dentro del marco físico de su ser. Imagine que una luz dorada limpia el espacio alrededor de sus orejas y sienes.

2. **Limpiar el chakra de la garganta**

Cantar, salmodiar y tararear ayudan a limpiar el chakra de la garganta. También debe evitar las conversaciones negativas y los chismes.

3. **Utilizar cristales**

Sostenga piedras curativas como la sodalita, la selenita y la labradorita alrededor de las orejas y las sienes. Puede llevar cristales del chakra de la garganta como pendientes o collares si lo desea. También puede incorporarlos a su práctica de meditación y yoga.

4. **Practicar la escucha activa**

Siéntese y respire de forma constante y profunda. Mantenga a raya sus pensamientos y emociones mientras se concentras en lo que lo rodea. Escuche todos los sonidos que hay alrededor, ya sea el viento, el motor de un auto en la calle, los pájaros o el jadeo de un perro.

Reforzar la clarisentencia

1. **Utilizar cristales**

Mantenga cristales como el cuarzo rosa o el jaspe *unakita* cerca de su corazón. Como con otros cristales, puede meditar con ellos o hacer yoga en su presencia. También puede llevarlos como colgantes en un collar largo.

2. **Crear un espacio seguro**

Cree un espacio libre de desorden en su casa al que pueda retirarse cada vez que se sienta abrumado por energías y emociones externas. También puede utilizar este espacio para practicar la meditación y posturas de yoga específicas para el chakra del corazón.

3. **Utilizar sahumerios**

Utilice palo santo o salvia para sahumar su casa y su cuerpo y conectar su aura a tierra.

Alcanzar la claridad mental

1. **Practicar la escritura automática**

Puede utilizar un dispositivo electrónico o papel y lápiz para esta práctica. Escriba todo lo que le venga a la mente, por estúpido que parezca. Deje que su subconsciente tome la iniciativa, permitiendo que su conciencia se limite a observar.

2. Utilizar cristales

El uso de cristales específicos para el chakra del plexo solar ayuda a despejar las vías de comunicación de claridad mental. Entre ellos están el citrino, el ojo de tigre, la pirita, el ámbar y la apatita dorada.

3. Meditar

Practicar cualquier tipo de meditación durante al menos cinco minutos al día ayuda a agudizar sus sentidos intuitivos. Con el tiempo, será capaz de acallar sus pensamientos y sintonizar con su intuición.

¿Con qué frecuencia se da la vuelta de repente porque siente los ojos de alguien sobre usted? ¿Alguna vez ha pensado en alguien que lo llama más tarde ese mismo día? Tal vez haya sentido escalofríos al entrar en una habitación o haya tenido un mal presentimiento sobre un viaje que luego fue horrible. No son coincidencias. Son sus dones psíquicos intentando decirle algo. El primer paso para desarrollar sus habilidades psíquicas es confiar en su intuición. Está ahí por una razón.

Capítulo 7: Práctica de *reiki* psíquico 1 - Sanarse a sí mismo

La energía del *reiki* es una maravillosa fuente de poder restaurador que incluso los practicantes del nivel inicial pueden aplicar. En este nivel, los practicantes aprenden a curarse a sí mismos usando sus habilidades de *reiki* para manipular la energía y la intuición. Más adelante, podrá dominar las mismas técnicas para sanar a otros. Este capítulo está dedicado a los métodos de autocuración para fortalecerse cuando se recupere de una enfermedad o lesión. La sanación a otros se tratará en el capítulo siguiente. Gracias a los ejercicios para principiantes y a las explicaciones completas, las técnicas de este capítulo proporcionan la base perfecta para una vida nueva y más sana.

Preparar el entorno

Aunque el *reiki* es una fuerza vital universal dentro de usted, debe crear un entorno libre de distracciones e influencias espirituales negativas para potenciarlo con la energía psíquica natural. Asegúrese de encontrar un lugar donde esté seguro, cómodo y concentrado durante sus sesiones. A menos que padezca una afección médica que requiera atención las 24 horas del día, es recomendable que realice los ejercicios de autocuración a solas. La belleza de las técnicas de curación manual del *reiki* reside en su sencillez. Al ser tan sencillas, pueden realizarse en cualquier posición en la que se sienta cómodo, siempre y cuando esté en un entorno que le permita relajarse.

Practique con regularidad una vez que encuentre un espacio que se ajuste a estos requisitos. Está bien hacer cambios cuando viaja, pero intente no cambiar demasiado. Además, si se siente más concentrado sin ruidos que lo distraigan, no dude en trabajar en completo silencio. De ese modo, podrá enfocarse solo en los sonidos de su cuerpo y desarrollar una conexión más profunda con su intuición. Sin embargo, muchos practicantes prefieren escuchar música relajante antes e incluso durante sus sesiones de *reiki*.

Activar sus manos

Antes de empezar a practicar cualquier técnica de sanación *reiki*, lo primero que debe aprender es cómo hacer que sus manos sean receptivas a la energía psíquica. Esto implica sentirla con las manos y atraerla hacia las palmas. Mientras que los maestros a menudo ignoran este paso, los principiantes no pueden permitirse hacerlo. A diferencia de ellos, usted apenas está desarrollando su conexión con la energía *reiki* y, sin la conexión adecuada, no tendrá nada para usar en la sesión de sanación.

Los beneficios de activar sus manos incluyen:

- Atraer más energía a sus manos.
- Activar más fácilmente los símbolos.
- Mostrar respeto a la energía, a los símbolos y a sus guías.
- Se activan los chakras, los puntos del cuerpo más sensibles a la energía.

Hay varias formas de activar las manos. He aquí una forma sencilla de hacerlo:

- Siéntese o póngase de pie en una posición relajada y cierre los ojos.
- inhale profundamente y exhale. Repítalo hasta que sienta que su cuerpo y su mente se calman.
- Con las palmas hacia delante, eleve las manos por encima de la cabeza. Puede dibujar un símbolo, sostener algo en la mano o incluso invocar a su guía espiritual durante este proceso.
- Visualice la energía psíquica por encima de su cabeza y véala entrar a través de su chakra de la corona.
- Deje que la energía fluya por su cuerpo hasta que llegue a sus manos.

- Cuando se sienta completamente energizado, estará listo para hacer *reiki*.

Establecer una conexión más profunda

Después de haber activado sus manos, se sentirá confiado y animado a hacer grandes cosas con su nuevo poder. Sin embargo, debe recordar que una o incluso un puñado de conexiones exitosas no garantizan que la energía *reiki* permanezca con usted para siempre.

He aquí algunos consejos para profundizar esta conexión, de modo que pueda recurrir a su poder intuitivo siempre que lo necesite:

- Empiece sus días con una sesión rápida. Entre quince y treinta minutos de práctica de *reiki* todas las mañanas después de levantarse le permitirán mantener los pies en la tierra durante el día.
- Ponga en práctica la gratitud diaria. Dé las gracias por la energía y la ayuda de los símbolos y guías espirituales que lo asisten durante su sesión diaria.
- Termine el día con *reiki*. Repita su técnica matutina antes de acostarse para tener un sueño reparador.
- Pase el tiempo libre con *reiki*. Si está haciendo fila en el supermercado, esperando a que lleguen sus amigos a un restaurante o viajando en transporte público, es el momento ideal para hacer ejercicios de *reiki* y de conexión a tierra.
- Practique la activación de las manos. Tome la decisión consciente de practicar la recepción de energía *reiki* a través de las palmas de las manos con la mayor frecuencia posible.
- Practique a su ritmo. Tómese su tiempo con los ejercicios y no se preocupe por no practicar lo suficiente. Cada persona tiene su propia forma de conectar con su intuición, así que usted sabe mejor que nadie lo que funciona para usted.

Movimientos de las manos en *reiki*

Aunque es bueno dedicar un tiempo a su sesión, con un área establecida para practicar, puede hacer una sesión cada vez que sienta la necesidad. Solo tiene que ir a su lugar, ponerse cómodo y relajarse con el método que prefiera. Puede ser música, respiración en silencio, invocación de los guías espirituales, etc. Quítese los zapatos y realice el paso de activación o empoderamiento con las manos. Si se acuesta, coloque una almohada bajo su cabeza y una pequeña manta para cubrir su cuerpo. Si no, siéntese o manténgase de pie en una posición cómoda, con los hombros relajados y ligeramente echados hacia atrás.

Cierre los ojos y proceda a escanear su cuerpo en busca de zonas que necesiten curación. Cuando haya identificado las zonas problemáticas, intente relajarse un poco más concentrándose en la respiración. Esto también le ayudará a realizar las posiciones de las manos empleando toda su energía. Hay varias posiciones diferentes de las manos que puede aplicar durante el proceso de autocuración. Cada una de ellas está diseñada para aliviar los síntomas de una zona concreta del cuerpo. Aunque la descripción que figura a continuación le dará una idea general de cómo realizar cada una de ellas, se recomienda que se centre en las zonas en las que encuentre problemas durante la exploración.

Cada movimiento de las manos debe aplicarse durante no más de cinco minutos en cada sesión. Es mejor repetir los ejercicios varias veces al día para garantizar un flujo de energía positivo hacia las zonas deseadas que inundarlas repentinamente con un exceso de energía, ya que esto puede ralentizar el proceso de curación. A continuación, se indican las posiciones de las manos que puede utilizar en la curación con *reiki*.

Rostro

Posición del rostro
https://pxhere.com/en/photo/1616861

Una de las primeras posiciones de colocación de las manos en *reiki* es la posición de la cara. Funciona para los temas asociados con los chakras de la garganta y el tercer ojo.

- Respire profundo y levante las manos hacia su rostro.
- Apoye las palmas de las manos contra el rostro cubriéndose los ojos y la frente.
- Mantenga las manos ahí durante el tiempo asignado sin aplicar ninguna presión.

Coronilla

Esta postura trata los problemas del chakra coronario, aliviando los dolores de cabeza y otros síntomas relacionados con esta región.

- Coloque las manos a ambos lados de la cabeza, con las palmas por encima de las orejas y por debajo de la parte superior de la cabeza.
- Respire profundamente y sienta la energía recorriendo las puntas de sus dedos cerca de su coronilla.
- Siga inhalando y exhalando mientras sostiene la cabeza durante cuatro o cinco minutos o hasta que sienta que los síntomas se disipan.

Detrás de la cabeza

Al igual que en el ejercicio anterior, esta posición de las manos también está orientada a los síntomas relacionados con la cabeza y la columna vertebral y a realinear el curso de la energía a través del cuerpo.

- Cierre los ojos y cruce los brazos detrás de la cabeza.
- Coloque una mano justo encima de la nuca y la otra en la parte posterior de la cabeza.
- Inhale y deje que la energía fluya por su cuerpo hasta que exhale.
- Repita este ejercicio durante dos o tres minutos antes de abrir los ojos.

Mandíbula

Esta posición alinea la energía en las zonas de la mandíbula y la barbilla, aliviando los síntomas en los músculos faciales, los dientes y las encías.

- Tómese la mandíbula con las manos, con las palmas apoyadas en la barbilla.

- Sujete bien, pero sin presionar demasiado la mandíbula.
- Inhale y exhale varias veces hasta que sienta que su mandíbula se relaja y la tensión abandona esta zona.

Pecho

Esta es otra forma estupenda de empezar la sesión, sobre todo si está trabajando en varias áreas diferentes y necesita la ayuda de sus guías espirituales.

Posición de pecho
https://pixabay.com/es/photos/ni%c3%b1a-orando-las-manos-rezar-ojo-20878/

- Junte las manos en posición de oración delante del pecho. Deben estar unidas justo debajo de la barbilla, un poco más arriba que al recitar una oración.
- Mantenga las manos juntas mientras se concentra en la respiración durante tres o cinco minutos. No ejerza demasiada presión con las manos, esto le ayudará a mantener la concentración.

- Suelte el aire de los pulmones y baje las manos a los costados.
- Continúe inhalando y exhalando hasta que se sienta preparado para pasar a la siguiente posición de las manos o para realizar una exploración posterior.

Omóplatos

Los hombros son cruciales para sostener el cuerpo y el flujo energético que lo atraviesa. Esta posición de las manos ayuda a restablecer esta función.

- Apoye las manos sobre los hombros, manteniendo los codos flexionados. A continuación, levante las manos por encima de la cabeza.
- Si no alcanza a hacerlo por detrás, puede colocar las manos sobre los hombros desde la parte delantera del cuerpo. Los hombros y las manos deben permanecer relajados.
- Cierre los ojos y respire profundamente hasta que sienta que la tensión se disipa.

Cuello clavícula y corazón

El espacio entre el cuello y el corazón es una de las regiones más significativas de los sistemas energéticos, con numerosos problemas relacionados.

- Forme una V con el pulgar y los dedos de su mano menos hábil.
- Coloque esta mano sobre su cuello, ahuecándola ligeramente.
- Coloque la otra mano entre el corazón y la clavícula.
- Mantenga la posición mientras respira profundamente durante cuatro o cinco minutos.

Caja torácica

Esta posición de las manos cura los síntomas que se originan en la caja torácica, que es el camino entre el corazón y el centro del plexo solar.

- Cierre los ojos y coloque una de sus manos en el extremo inferior del esternón.
- Coloque la otra mano ligeramente debajo de la primera.
- Inhale y relaje los codos para permitir que la energía fluya desde las manos hacia la caja torácica.
- Mantenga esta posición durante dos o tres minutos.

Área abdominal

Esta colocación de la mano sirve para curar afecciones relacionadas con la digestión y problemas con las glándulas endocrinas situadas en el abdomen.

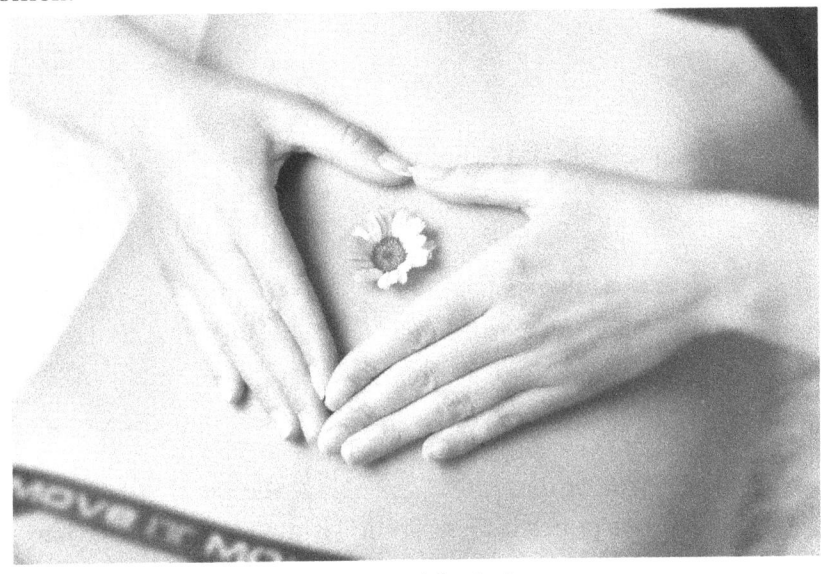

Posición abdominal
https://pixabay.com/es/photos/mujer-barriga-dolor-de-est%c3%b3mago-3186730/

- Ponga las manos sobre el estómago, justo por encima del ombligo.
- Asegúrese de que sus dedos se tocan en las puntas, pero sin entrelazarse.
- Relaje los codos e inhale y exhale durante unos minutos.

Centro de la espalda

Colocar las manos en el centro de la espalda sirve de apoyo a la columna vertebral y refuerza su resolución de combatir su dolencia.

- Con los codos doblados, lleve las manos a su espalda.
- Coloque las manos en la zona media de la espalda y respire profundamente.
- Mantenga la posición durante uno o dos minutos, o hasta que se sienta cómodo.

Espalda baja

La posición de las manos en la parte baja de la espalda es beneficiosa para todo el sistema energético, ya que esta zona puede verse afectada por innumerables afecciones.

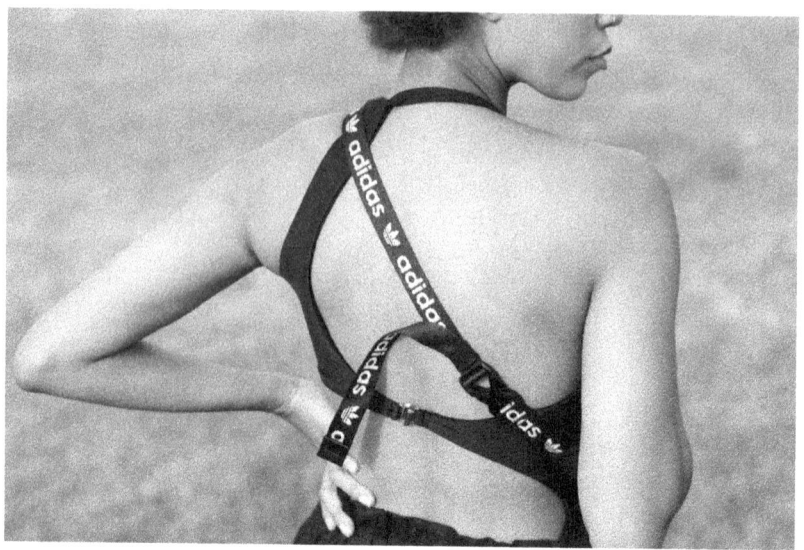

Posición de la espalda baja
https://www.pexels.com/photo/woman-in-black-sports-bra-3621646/

- Empiece por poner las palmas de las manos en la parte baja de la espalda, justo debajo de la caja torácica, donde están los riñones.
- Asegúrese de que los codos están flexionados. Si no es así, ajuste la posición hasta que lo estén.
- Mantenga la posición durante el tiempo máximo posible y, a continuación, suéltela con una exhalación.

Zona pélvica

Colocando las manos sobre los huesos pélvicos, puede asegurarse de que proporcionan suficiente protección a los órganos que encapsulan.

- Coloque las manos sobre los huesos pélvicos, con los dedos apuntando hacia el centro de la región pélvica.
- Al igual que con la posición de la caja torácica, las puntas de los dedos deben tocarse en el centro.
- Inhale y exhale durante dos o tres minutos o hasta que sienta que la zona pélvica se relaja.

Sacro

Esta posición de las manos está diseñada para relajar los músculos de la zona sacra y permitir que cualquier enfermedad relacionada con esta región se cure de forma natural.

- Respire profundo y ponga su mano en el sacro, debajo de la cintura y los riñones.

- Exhale y concéntrese en sentir cómo se relajan sus músculos y nervios en esta zona del cuerpo.
- Mantenga la postura entre tres y cinco minutos mientras inhala y exhala profundamente.

Piernas

Si tiene dificultades con el chakra raíz u otros problemas de conexión a tierra, esta posición de manos le ayudará a superarlos.

Posición de piernas
https://pixabay.com/es/photos/yoga-calma-liberar-extensi%c3%b3n-2662234/

- Empiece sentado con las manos extendidas hacia las piernas.
- Inclínese hacia delante de modo que pueda tocarse las plantas de los pies. Hágalo con un pie a la vez.
- Si no llega a las plantas de los pies, puede colocar una de sus manos en la parte superior del pie.
- Cruzar una pierna sobre la otra rodilla le ayudará a alcanzar ambos pies sin girar la espalda hacia un lado o forzar todo el cuerpo innecesariamente.
- Mantenga la mano cada pie durante uno o dos minutos y alterne.

Consejos para encontrar las zonas problemáticas

Como se dijo al principio de este libro, el *reiki* psíquico es una práctica altamente intuitiva. No solo necesita usar su instinto para sentir la energía, sino también para canalizarla telepáticamente a través de su cuerpo.

Cualquier técnica, incluidas las posiciones de las manos presentadas, está sujeta a la interpretación individual. Aunque se pueden realizar tal cual, sus efectos pueden aumentar considerablemente si les da su propia interpretación.

Quizá se pregunte cómo explorar intuitivamente su cuerpo y percibir los bloqueos. Una de las técnicas más utilizadas para este fin se llama *Byosen Reikan-ho*. Este método de autoexploración, que consiste en sentir la vibración de la posición de las manos, fue enseñado por el propio Usui. Antes de aplicar *Byosen Reikan-ho*, debe activar sus manos utilizando su intuición, símbolos, guías espirituales y cualquier ayuda que haya decidido emplear. También puede limpiar el espacio y escanear su cuerpo, empezando por la cabeza. Dado que el propósito del escaneo es revelar las áreas que necesitan más atención, es fundamental ser lo más receptivo posible al cambio de energía durante este proceso. La mejor forma de saber si está en el lugar correcto es mover la mano varias veces sobre la parte del cuerpo en la que percibe que se produce la fluctuación.

Esto puede utilizarse para cualquier otra técnica de exploración, así como para el *Byosen Reikan-ho*. Sea cual sea el método de exploración que elija, asegúrese de repetirlo antes y después de la sesión de curación. De este modo, podrá asegurarse de que el tratamiento se ha completado con éxito y evaluar su funcionamiento.

Descargo de responsabilidad

Es importante que tenga en cuenta que la energía *reiki* solo debe ser considerada una herramienta de empoderamiento para su viaje de curación, y no una técnica de curación real. Si sufre alguna enfermedad o lesión, busque primero asistencia médica. Después de establecer el tratamiento adecuado con la ayuda de un profesional médico, puede consultarle sobre ayudas alternativas, como el *reiki*. Si su médico aprueba este método, puede utilizarlo para facilitar su experiencia curativa y mantener su salud después de recuperarla. Recuerde que, aunque el *reiki* es una técnica de curación suave, no es apropiada para todas las enfermedades. Por ejemplo, la energía *reiki* puede hacer que los huesos rotos sanen muy rápidamente. Esto podría ser un problema si los huesos no están bien ubicados. En este caso, el médico no recomendará el *reiki* hasta que los huesos estén en la posición adecuada y al menos parcialmente curados. El *reiki* tampoco debe usarse en infecciones activas, ya que puede aumentar las molestias.

Capítulo 8: Práctica de *Reiki* psíquico 2 - Sanar a otros

Una vez que haya aprendido a utilizar las técnicas de sanación de *reiki* en usted mismo, puede profundizar en su sentido de la intuición. Esto le permite transferir su energía positiva a otros y apoyarles en su viaje de sanación. Aunque puede utilizar posiciones de manos en otras personas como practicante del primer nivel, aprenderá técnicas más avanzadas en el segundo nivel de su formación. Aparte de estos métodos avanzados, en este nivel también se revelan los símbolos tradicionales del *reiki*, dándole una herramienta más para manipular la energía psíquica. Este capítulo explica varios símbolos esenciales y brinda consejos prácticos para mejorar la intuición. También se mencionan algunas técnicas avanzadas de sanación que los maestros de *reiki* enseñan tradicionalmente. Incluso si no está preparado para pasar a las técnicas avanzadas, puede combinar los símbolos con la detección de bloqueos y las posiciones sencillas de las manos mencionadas en el capítulo anterior.

Desarrollar su intuición

Aunque la intuición es algo con lo que todos nacemos, como ha leído en el capítulo anterior, hay muchas formas de intensificarla. Aprovechar sus poderes intuitivos es un requisito para curarse a sí mismo y a los demás. Si quiere pasar de curarse a sí mismo a canalizar su energía psíquica y curar a los demás, debe fortalecer su intuición. No solo eso, sino que detectar bloqueos en otro cuerpo requiere una habilidad intuitiva avanzada. Puede utilizar la técnica *Byosen Reikan-ho* para mejorar su exploración o buscar otros métodos con el mismo fin. No es necesario utilizarlos tal cual. Mientras realiza la sesión de exploración, percepción y curación, puede darle un giro a cualquier técnica diseñada para desarrollar la intuición. Recuerde, el poder proviene de su interior y la única forma de sacarlo es utilizando el método que más le convenga.

Puede potenciar sus poderes intuitivos solo o, mejor aún, con otra persona. Por supuesto, practicar con alguien a quien conoce bien es diferente a trabajar con alguien a quien solo conoce a través de la intuición, pero le dará una ventaja. Pídale que no le revelen nada sobre lo que sienten, luego simplemente cierre los ojos y concéntrese en sus sentidos. Fíjese en cualquier cosa que sienta, oiga o vea; incluso puede cerrar los ojos. Los estímulos desvelarán lo que su instinto le está diciendo sobre la persona que tiene delante. Después de repetirlo varias veces, su capacidad para notar incluso los cambios más pequeños en el cuerpo de alguien se agudizará y será capaz de usar este poder sin ni siquiera ser consciente.

Si tiene problemas para canalizar su intuición y percibir los cambios energéticos en los demás, puede pedir ayuda a sus guías espirituales. Puede que no reciba el consejo durante la misma sesión de práctica en la que haga la petición, o que no sea capaz de interpretarlo, pero seguro que le resultará útil más adelante. De nuevo, la repetición es la clave para afinar sus habilidades intuitivas con la ayuda de un espíritu superior.

A veces solo debe fijarse en lo que le dice su instinto y dejarse llevar. Pida a un amigo o familiar que le envíe una foto de alguien desconocido. Después de contemplar y percibir toda la información que intuye sobre el desconocido, pídale que verifique esta información. Anote todo lo que haya acertado y evoque las sensaciones que tuvo cuando recibió esta información. Concéntrese en esas mismas sensaciones la próxima vez que trabaje con sus poderes intuitivos.

Símbolos del *reiki*

Los símbolos del *reiki* son transmitidos por los maestros a partir del segundo nivel de enseñanza. Cada signo trabaja con características específicas que ayudan a canalizar la energía psíquica. Sin embargo, el uso de los símbolos depende totalmente del practicante. Siéntase libre de probarlos, pero si siente que su intuición es suficiente para guiarlo a través de la sanación, puede omitir el uso de símbolos. Esto puede variar en función de su estado mental, físico y espiritual y de la condición del sujeto con el que trabaje. A veces no sentirá la necesidad de recurrir a los símbolos, mientras que en otras ocasiones recurrirá a ellos para obtener una ayuda adicional.

Tipos de símbolos en el *reiki*

La razón principal por la que los símbolos de *reiki* solo se revelan en el segundo nivel es que debe pasar cierto umbral espiritual antes de invocarlos y aprovechar sus poderes. Incluso entonces, necesita un mayor crecimiento espiritual antes de acceder a todos los símbolos. Al igual que los cristales, los símbolos difieren en su vibración, lo que significa que se usan diferentes símbolos para el despertar, la curación y el logro de niveles superiores de conciencia.

Esta es la lista de beneficios que puedes obtener a través de los símbolos:
- Equilibrio y alineación del sistema de chakras.
- Canalizar la energía del *reiki* en una zona problemática.
- Sanación física, mental y espiritual.
- Eliminación de bloqueos en los chakras.
- Atracción de energía psíquica positiva.
- Conexión con los guías espirituales.
- Conexión con el presente para usted y para otros.
- Abundancia en todo lo que desee usted u otros.

A continuación, encontrará algunos símbolos de *reiki* que puede utilizar en su práctica. Puede aplicarlos tal cual o adaptarlos sus propósitos. No solo eso, también puede diseñar sus propios símbolos y utilizarlos. Nada ayuda más a canalizar el poder intuitivo que los símbolos que surgen tras una visión intrínseca.

Cho Ku Rei

Símbolo Cho Ku Rei
Chokurei.jpg: Stephen Buck The Reiki Sanghaderivative work: LeonardoelRojo, CC BY-SA 2.0 <https://creativecommons.org/licenses/by-sa/2.0>, via Wikimedia Commons https://commons.wikimedia.org/wiki/File:Chokurei.svg:

También conocido como el símbolo del poder, el *Cho Ku Rei* es una herramienta para cambiar la intensidad de la energía en un chakra o una parte del cuerpo en particular. Permite el intercambio de energía entre su cuerpo y el de la persona a la que está curando. Este símbolo se representa una bobina que puede utilizar para aumentar o disminuir la energía, dependiendo de la dirección en la que la dibuje. El *Cho Ku Rei* se activa visualizando un interruptor junto al símbolo. Una vez activado, será capaz de canalizar el *reiki* a través de su cuerpo y lo guiará durante la sesión.

Sei He Ki

Símbolo Sei He Ki
Stephen Buck The Reiki Sangha, CC BY-SA 4.0 <https://creativecommons.org/licenses/by-sa/4.0>, via Wikimedia Commons https://commons.wikimedia.org/wiki/File:Seiheiki.jpg:

El *Sei He Ki*, o símbolo de la armonía, es especialmente bueno para la claridad mental y el equilibrio emocional. Su nombre puede traducirse como «Dios y el hombre se convierten en uno», y a menudo se ilustra con las alas extendidas de un pájaro o con una ola que llega a una playa. Es un gran símbolo para equilibrar la mente, uniendo los dos lados de una persona. También se utiliza para sanar un desequilibrio.

Hon Sha Ze Sho Nen

Símbolo de la distancia

Stephen Buck The Reiki Sangha, CC BY-SA 4.0 <https://creativecommons.org/licenses/by-sa/4.0>, via Wikimedia Commons https://commons.wikimedia.org/wiki/File:Honshazeshonen.jpg:

El símbolo de la distancia se utiliza a menudo para la sanación a distancia. Es un símbolo más complejo y suele enseñarse en niveles superiores. La traducción directa habla de no tener pasado, presente o futuro, refiriéndose a la sanación con *reiki* a larga distancia. Por ejemplo, puede enviar *reiki* a través del símbolo al pasado de alguien y modificar su experiencia poniendo las cosas en una perspectiva diferente. Esto ayuda a curarse de traumas pasados y seguir adelante con la vida. También puede usar el símbolo para enviar energía al futuro y preparar a alguien para una experiencia negativa.

Shika Sei Ki Reiki

Las vibraciones del *Shika Sei Ki reiki* resuenan con la energía del chakra del corazón y se utilizan para tratar problemas relacionados con este centro. Ayuda a eliminar las influencias negativas en el chakra del corazón, permitiendo que la fuerza vital fluya a través de él. Esto elimina las emociones negativas y los pensamientos intrusivos, revitalizando la mente, el cuerpo y el alma.

Nin Giz Zida

Este símbolo se utiliza para la limpieza espiritual y se conoce como la serpiente de fuego. Canaliza la energía a través de todos los chakras, alineándolos o equilibrando sus funciones. Se utiliza para relajar la mente y el cuerpo antes de una sesión o para llevar a la persona con la que está trabajando a un estado de serenidad. *Nin Giz Zida* se combina a menudo con otros símbolos para enraizar, enfocar la intención y despejar caminos energéticos, entre otros.

Shika So Reiki

Típicamente enseñado en el nivel dos de Usui, *Shika So Reiki* es un símbolo usado para aliviar síntomas relacionados con bloqueos y disfunciones del chakra de la garganta. Este símbolo cura desequilibrios de la tiroides u otros problemas con la regulación del niño. En una escala más amplia, puede ayudar con los desequilibrios en una sociedad o grupo.

El dragón de fuego

El símbolo del dragón de fuego ayuda a establecer una conexión con la energía psíquica de la naturaleza y equilibra el flujo de las distintas formas de poder. A veces, los problemas de una persona provienen de una diferencia drástica entre sus vibraciones y las de la fuerza vital universal que la rodea. Este símbolo ayuda a realinear la energía de la persona, estimulando su energía natural. También sirve como escudo contra la energía negativa cuando se activa delante del cuerpo.

Cómo funcionan los símbolos del *reiki* y cómo activarlos

Los símbolos del *reiki* son portadores de la energía aprovechable del mundo espiritual. Cada signo está vinculado con varias formas de energía y guías espirituales que emiten vibraciones curativas. Como resultado, los símbolos *reiki* pueden aumentar sus niveles de energía psíquica, sanando su mente, cuerpo y espíritu durante el proceso. Cuando maneja energía a través de su cuerpo, lo hace a través de la intención. Cuando incluye símbolos en su intención, su habilidad para canalizar la fuerza vital del universo se magnifica. Aumenta su vibración, permitiendo que la energía fluya más libre y rápidamente. Esto le ayuda a descubrir la raíz de los desequilibrios y bloqueos de los chakras en su cuerpo y en el de los demás, permitiéndole decidir la mejor manera de sanarlos.

Antes de utilizar cualquiera de los símbolos, debe activarlos con energía *reiki*. Hay varias maneras de hacerlo:

- **Dibujarlos:** Puede dibujar símbolos en los chakras, talismanes o donde crea que puede utilizarlos. Si va a dibujar un símbolo antes de una exploración o sesión de tratamiento, trace su contorno con los dedos índice, pulgar y corazón unidos. Esto concentrará la energía, facilitando su canalización hacia donde necesite que viaje.

- **Visualizarlos:** Los símbolos que utilice habitualmente quedarán grabados en su cerebro, lo que significa que solo tendrá que imaginarse utilizándolos. Solo debe fijar su intención en un símbolo que conozca y pronto estará a su servicio.

- **Decir su nombre:** Si tiene problemas para visualizar un símbolo, recite su nombre tres veces y aparecerá en el mundo físico.

Plantar los símbolos en el campo energético de alguien

Esta es una de las formas más comunes de utilizar símbolos en su práctica. Es muy sutil, pero poderosa, lo que la hace perfecta para los principiantes que necesitan un impulso para aprender su oficio. Es posible que al principio luche con bloqueos emocionales o pensamientos no deseados durante sus sesiones de sanación. Incluso si aprende a eliminarlos de sus pensamientos, puede que le resulte difícil lidiar con ellos en el cuerpo y la mente de otra persona. Colocando símbolos potenciadores en su campo energético, puede mantener a raya los patrones de pensamiento distractores incluso después de la sesión.

La técnica de plantar símbolos es especialmente beneficiosa cuando no puede aplicar técnicas de posiciones de manos debido a lesiones o afecciones específicas. Es más fácil de utilizar que la sanación a distancia y tiene el mismo efecto poderoso. Normalmente, se aplica a través del chakra de la corona, que es la mejor manera de canalizar el *reiki* a través de alguien. Esto funciona igual que cuando recibe energía fortalecedora cuando se prepara para la sanación.

Técnicas tradicionales de *reiki*

Como se mencionó anteriormente, los enfoques tradicionales de *reiki* solo son enseñados por maestros en todos los niveles. He aquí algunos

ejemplos de las técnicas que puede aprender como practicante de *reiki*:
- **Gassho Meiso:** Una técnica de meditación que ayuda a concentrar la mente y la energía durante una sesión de curación.
- **Joshin Kokyu-Ho:** Ejercicio respiratorio que fortalece y limpia el espíritu.
- **Kenyoku:** También llamado baño seco, ayuda a dejar atrás todas las distracciones y a conectarse con el presente.
- **Reiki Mawashi:** Un ejercicio grupal que permite a varios practicantes compartir su energía psíquica, potenciándose mutuamente en el proceso.
- **Nats -Ho:** Otra técnica de desintoxicación para la mente, el cuerpo y el alma.
- **Enkaku Chiryo:** También conocida como *Shashin Chiryo*, es una técnica de sanación a distancia que permite hacer asociaciones a través de fotografías, nombres, etc.
- **Gyoshi-Ho y Koki-Ho:** El primero enseña a curar con los ojos, el segundo con la respiración (siempre se enseñan juntos).
- **Seiheki Chiryo:** Permite curar hábitos poco saludables y comportamientos adictivos transformándolos en costumbres saludables.
- **Nentatsu-Ho:** Se utiliza para desprogramar la mente de alguien y eliminar lo no deseado.
- **Jacki-Kiri Joka-Ho:** Esta técnica enseña a transformar la energía negativa de un objeto en energía positiva que puede utilizar como refuerzo.
- **Byogen Chiryo:** Ayuda a revelar y tratar el origen de ciertas afecciones, principalmente mentales.
- **Tanden Chiryo:** Una herramienta de potenciación psíquica para usted o para la persona a la que quiera curar.

Si tiene problemas para saber qué técnica utilizar con los demás, puede utilizar la **técnica Reiji-ho** para guiarse. Su nombre se traduce como indicación del espíritu, lo que significa que recibirá ayuda del espíritu del *reiki*. Esencialmente, es otra forma de potenciar su intuición a la hora de escanear el campo energético de alguien en busca de problemas. Aparte de la técnica en sí, el *Reiji-ho* también puede revelarle los símbolos y la posición de las manos que debe utilizar durante la sesión. Dependiendo de la enfermedad que esté tratando y de su nivel de experiencia, puede que también necesite el *Reiji-ho* durante la sesión. No dude en utilizarlo siempre que necesite orientación, incluso si ya ha practicado tratamientos para dolencias específicas. Recuerde que cada persona tiene una constitución y un campo energético únicos. Un tratamiento que funciona para alguien puede no funcionar para otra persona con la misma dolencia. Por eso debe confiar en su intuición.

Descargo de responsabilidad

Una vez más, recuerde que, aunque el *reiki* psíquico es una valiosa herramienta para mejorar, no es una técnica de sanación oficialmente reconocida. Esto es aún más importante cuando otros confían en su ayuda para su viaje de sanación. Adviértales que, si sufren de alguna condición o lesión, deben buscar asistencia médica primero. Después de establecer el curso adecuado del tratamiento con la ayuda de un profesional médico y obtener su aprobación para ayudas alternativas, como el *reiki*, su cliente puede recurrir a usted para sesiones de sanación con *reiki*. Ciertas condiciones no pueden ser tratadas con sanación psíquica, independientemente de lo suave que sea el método que se utilice. Otras veces, el profesional médico desaconsejará algunas técnicas, como la colocación directa de la mano, pero aprobará la sanación a distancia, o viceversa.

Las personas con infecciones activas o en tratamiento contra el cáncer no deben ser tratadas con *reiki*. En primer lugar, aunque la energía curativa puede eliminar las toxinas, también podría causar su propagación, agravando la enfermedad. En segundo lugar, las toxinas forman parte del tratamiento y no deben eliminarse del cuerpo. Dado que la frecuencia de las vibraciones energéticas puede desencadenar convulsiones o alterar el funcionamiento de los marcapasos, las personas epilépticas o con marcapasos no deben ser tratadas con la sanación *reiki*.

Capítulo 9: Práctica de *reiki* psíquico 3 - Sanación psíquica a distancia

Todas las técnicas para potenciar la intuición que se te han presentado en los dos capítulos anteriores pueden ser un trampolín hacia técnicas de sanación más avanzadas para usted y para los demás. También pueden convertirse en una herramienta para preparar su cuerpo y su mente, para perfeccionar sus habilidades telepáticas y aventurarse en la curación a distancia. Este capítulo trata de esta forma única de curación, que permite aliviar síntomas sin estar en la misma habitación que la persona a la que se trata. Aprenderá esta técnica con el sistema tradicional y a utilizar sus poderes psíquicos para personalizar el método. Esto le permitirá encontrar la terapia adecuada para usted y la persona a la que está tratando y será más eficaz.

Cómo funciona la sanación a distancia

Después de conocer los beneficios de las técnicas de posicionamiento de manos y la curación a través de la transferencia de energía en sesiones individuales y de grupo, puede que se pregunte cómo funciona el *reiki* a distancia. ¿No se debilita la energía cuando se envía desde una mayor distancia? Y si es así, ¿cuál es el propósito de enviarla a alguien que necesita empoderarse? La respuesta a estas preguntas no es tan clara. Las ondas energéticas tradicionales son propensas a fatigarse cuando atraviesan grandes distancias, pero las que crea en su cerebro cuando utiliza sus habilidades psíquicas no. Por eso puede enviar energía *reiki* telepáticamente a través del espacio y del tiempo. Si alguien al otro lado del mundo necesita un impulso de energía para hacer frente a condiciones físicas y mentales, puedes enviárselo usando técnicas de sanación a distancia.

Sanar desde el pasado

Aunque no puede cambiar el pasado de nadie, puede poner sus experiencias en una perspectiva diferente a través de la sanación con *reiki*. Las experiencias traumáticas del pasado a menudo conducen a desequilibrios de los chakras en el presente. De hecho, es más común que las personas con traumas emocionales busquen tratamiento de *reiki* que las personas que sufren de otras condiciones. Cuando el pasado de alguien afecta su vida presente, puede captarse fácilmente durante la sesión inicial, aunque no se hable de ello. A menudo, la gente no puede evitar pensar en el trauma durante la sesión, incluso cuando se le pide que se relaje. Sin duda lo percibirá cuando conecte telepáticamente con la persona. Afortunadamente, puede sacar a la superficie los recuerdos dolorosos y llenarlos de energía positiva. Esto cambia los patrones que los rodean, de modo que el receptor puede seguir adelante con su vida.

Sanar en el presente

La curación en tiempo presente es especialmente útil en situaciones críticas, como cuando alguien necesita ayuda inmediatamente y no puede llegar hasta usted. En ese caso, puede enviar una gran cantidad de energía positiva en cuanto le avisen de la situación. Sin embargo, no es necesario que las cosas sean urgentes para enviar *reiki* en el presente, a veces simplemente es más conveniente hacerlo de esta manera.

Sanar en el futuro

Aunque es mucho menos común, la sanación a distancia también se utiliza para enviar *reiki* al futuro. Si alguien tiene un evento próximo, una cita o una entrevista por la que se siente ansioso, la energía enviada con antelación puede calmar sus nervios y ayudarle a superar la situación con confianza. Incluso saber que tendrá este pequeño impulso cuando llegue el momento reduce el estrés y mantiene la salud y felicidad equilibradas.

Pasos preparatorios para la sanación a distancia

Dependiendo de las circunstancias individuales, la curación a distancia puede iniciarse de diferentes maneras. Independientemente del método que elija, hay varios pasos que debe seguir. En primer lugar, debe informar a la persona de su intención y obtener su consentimiento antes de enviarle la fuerza vital de energía reparadora. Asegúrese de compartir tantos detalles sobre la transferencia como sea posible para que el receptor se prepare para recibir la energía. Esto debe incluir la fecha y hora exactas en las que enviará la energía e instrucciones sobre lo que debe o no hacer durante la transferencia.

Cuando le comunique a una persona su intención, anímela a hablar de lo que espera conseguir con el tratamiento. Pregúntele sobre su estado de salud y si su médico aprueba el *reiki* como tratamiento alternativo en caso de que padezca alguna enfermedad. Una vez que todo esté claro por ambas partes, recuérdele cuándo enviará la energía. También puede llamarlo o enviarle un mensaje antes de empezar a canalizar el *reiki*. Este es un paso opcional para asegurarse de que está en un ambiente libre de estrés donde no se distraerá con nada ni nadie.

Esencialmente, todo lo que su cliente necesita hacer cuando recibe *reiki* a distancia es sentarse o recostarse y relajarse. Lo ideal es que esté en su casa para recibirlo, pero puede elegir hacerlo en su lugar de trabajo durante el almuerzo. Mientras permanezca quieto durante la transferencia, puede elegir el momento y lugar que le convenga. La transferencia puede durar entre diez minutos y una hora, dependiendo del impulso que necesite.

Usar el símbolo del *reiki* de la curación a distancia

Cuando se trata de enviar *reiki*, cada practicante tiene sus propias preferencias. El enfoque a menudo depende de lo que el receptor quiere lograr. El método más común utiliza el símbolo de sanación a distancia, *Hon-Sha-Ze-Sho-Nen*, combinado con uno o más símbolos de poder como *Cho Ku Rei* y *Sei-He Ki*.

Cho Ku Rei, el símbolo de poder, se utiliza a menudo en la curación a distancia en una secuencia tradicional llamada el sándwich de *reiki*. Si bien la secuencia se puede utilizar para otros fines, en este caso se compone de dos símbolos de poder y el símbolo de curación a distancia en el medio. He aquí cómo realizar este método:

- Escriba el nombre del destinatario y el propósito del tratamiento en un trozo de papel. Dóblelo y guárdalo entre sus manos, con las palmas enfrentadas.
- Deje que su cuerpo se relaje y cierre sus ojos.

- Repita lo que está escrito en el papel, visualice *Cho Ku Rei* y conecte con la energía del símbolo.
- Cambie su intención hacia *Hon-Sha-Ze-Sho-Nen* y visualícelo al lado o encima de *Cho Ku Rei*.
- Continúe con otro *Cho Ku Rei*, que puede colocar encima o al otro lado del *Hon-Sha-Ze-Sho-Nen*.
- Ahora, *Hon-Sha-Ze-Sho-Nen* está potenciado por ambos lados y podrá ver dónde utilizarlo en el sistema de chakras de su cliente.
- Puede empezar a transferir la secuencia a la mente del receptor junto con el impulso de una fuerza vital positiva.
- Cuando envíe *reiki*, no intente canalizarlo hacia un área específica. El mayor interés del receptor es obtener poder mental para tratar sus problemas, ya sean físicos o mentales.
- Visualice la energía que envuelve a su cliente y sea consciente de cada detalle de su experiencia, ya que es posible que quiera compartirla con él en el futuro.

Una vez finalizada la transferencia, deje que el cliente digiera la sensación durante unos minutos u horas. Más tarde, puede preguntarle por su experiencia. Si se siente más relajado que antes, la nueva fuerza vital está haciendo efecto en su cuerpo. En función de sus objetivos, algunos clientes pueden experimentar una liberación emocional o tener visiones de determinadas actividades, objetos o acontecimientos.

Si su cliente ha tenido una experiencia visual, puede compararla con la suya y ver si hay similitudes entre lo que ambos vieron. Esto le ayudará a desarrollar más sus habilidades telepáticas. No solo eso, sino que podrá conectar más rápido con el cliente en caso de que necesite ayuda adicional.

Otras formas de canalizar energía

Aparte de la técnica tradicional de curación a distancia, existen otras formas de conectar con la persona a la que se quiere curar. Lo ideal es que la conexión se realice telepáticamente, ya que es la mejor forma de transferir energía. Sin embargo, siguiendo los consejos del principio de este libro, también puede utilizar técnicas de visualización o cualquier otra habilidad psíquica que haya desarrollado. Las técnicas de visualización utilizadas para este propósito implican inspeccionar el sistema de chakras de la persona y encontrar bloqueos, invocar una imagen de su aura y mucho más. Aquí tiene algunos métodos que puede probar:

Usar una foto

Pida a su cliente que le envíe una foto suya, preferiblemente de cuerpo entero. Esto puede servirle como ayuda visual a su intuición. Observe la imagen y los contornos de su cuerpo e imagine su aura como una luz brillante que lo envuelve. Busque cualquier punto oscuro, que será donde más energía necesite. Puede hacer lo mismo con sus chakras, pero tendrá que esforzarse más para buscar pistas concretas que indiquen un desequilibrio. Una vez que haya establecido el origen del problema, puede utilizar la telepatía para enviar *reiki* directamente a la parte del cuerpo que más lo necesite. Al final de la sesión, visualice cómo la energía transferida envuelve la zona problemática.

Usar un sustituto

Si no tiene la foto del destinatario, puede utilizar un objeto sustitutivo para establecer una conexión. Puede ser cualquier cosa, desde un objeto personal, un muñeco que se le parezca o un objeto cualquiera que pueda asociar con la persona. Fije su intención mientras sostiene este objeto y visualice su energía envolviéndolo. Puede combinar esto con la secuencia del sándwich o simplemente sostener el símbolo de sanación a distancia sobre el cuerpo sustituto, igual que con el método del nombre en el papel. Utilizando sus poderes psíquicos, intente percibir dónde se necesita la energía. Observe cómo se transfiere la energía al sustituto y al receptor. Una ventaja añadida de este método es que puede ver qué zonas del cuerpo necesitan más atención. Después de consultarlo con su intuición, sabrá dónde está la raíz del problema. Incluso puede visualizar el objeto que representa esa parte concreta del cuerpo y no necesariamente todo el cuerpo. Aunque no puede enviar energía física directamente a la zona afectada, puede hacer de ello una intención a través de la transferencia telepática. La mente del receptor lo registrará como su propia intención y concentrará su energía en reparar el problema.

Usar otros símbolos

Si elige no usar la secuencia tradicional del sandwich *reiki*, puede omitir el uso de símbolos. Puede potenciarse solo con uno si siente que solo necesita un poco de ayuda. También puede dibujar sus propios símbolos, lo cual puede traer múltiples beneficios. Esto ayuda a agudizar sus poderes intuitivos, como cualquier otra técnica que implique escuchar a su instinto. En lugar de dibujar o visualizar un símbolo tradicional después de concentrarse en su intención, simplemente dibuje o imagine el signo que primero le venga a la mente.

De hecho, puede hacerlo incluso sin concentrarse en el tratamiento que intenta dar. Su mente está más relajada cuando no lidia con la presión de actuar y este es exactamente el momento adecuado para aprovechar su intuición. Haga algo que lo relaje y tenga a mano papel y bolígrafo. De este modo, podrá dibujar libremente un símbolo siempre que le venga a la mente.

La otra gran ventaja de dibujar símbolos propios para tratar a otros es que le permiten crear conexiones más profundas. Después de escanear el cuerpo de una persona en la vida real, se da cuenta de cualquier problema en su sistema de chakras. Este no es el caso de la sanación a distancia, por lo que conectar con el sistema energético de una persona y canalizar su poder en ella es intrínsecamente más difícil. Sin embargo, si llega a conocerla y utiliza su intuición, puede encontrar el símbolo adecuado para potenciar su capacidad de canalizar la fuerza vital a través del tiempo y el espacio. Un símbolo diseñado para las necesidades específicas de una persona le permite establecer conexiones telepáticas más fuertes.

Una persona que necesita fuerza vital no es la única entidad con la que puede formar conexiones telepáticas poderosas utilizando su intuición. Si es necesario, también puede usar sus habilidades psíquicas para pedir ayuda a sus guías espirituales o al espíritu del *reiki*. Del mismo modo que ellos pueden ayudarle a encontrar el tratamiento adecuado, pueden enviarle un símbolo para potenciar sus habilidades.

Beneficios de la sanación a distancia

Además del factor obvio de ayudar en cualquier lugar y en cualquier momento, la sanación a distancia conlleva muchos otros beneficios para usted y para su cliente. Cuando canaliza energía con sus habilidades psíquicas, eleva las vibraciones positivas que mantienen a raya a las negativas. Cuanto más potentes sean las ráfagas de energía, y tienen que serlo para enviarlas a través del espacio y el tiempo, y cuanto más a menudo se produzcan, más limpio estará su entorno.

La sanación a distancia elimina la necesidad de limpiar su espacio antes de cada cliente. Como no tiene que preparar el espacio de trabajo, puede tener un mayor número de clientes. En consecuencia, puede ayudar a más personas que necesiten de esta preciosa fuerza vital. Muchas personas no tienen practicantes de *reiki* disponibles en su área, y viajar aumentaría su incomodidad. A través de la sanación a distancia, todos pueden obtener el alivio que necesitan.

Puede que algunas personas no se sientan lo suficientemente cómodas en su espacio de trabajo para simplemente sentarse o acostarse, cerrar los ojos y relajar su cuerpo y su mente. Sin embargo, pueden hacerlo en la comodidad de sus hogares y estar mucho más relajados y listos para abrazar el *reiki*.

Al fin y al cabo, la sanación a distancia es un método mucho más seguro y efectivo para distribuir la energía *reiki*. Con poderosas emociones positivas, puede enviar un enorme impulso al sistema de chakras de alguien en tan solo unos minutos. Si alguien necesita asistencia rápida en una situación inesperada, podrá ayudarle independientemente de su ubicación.

Descargo de responsabilidad

Dado que la distancia puede afectar la eficacia del tratamiento, existen menos contraindicaciones que para la colocación de las manos o cualquier otro tratamiento realizado presencialmente. Como las vibraciones se transforman a lo largo de un periodo prolongado, no tendrán un efecto tan drástico en el cuerpo de la persona. En cambio, las mejorías graduales tienen beneficios duraderos para mejorar la vida y hacerla más feliz y saludable. Dicho esto, la sanación a distancia sigue siendo un método de sanación alternativo muy debatido, que tampoco está reconocido por los profesionales médicos. Las mismas reglas se aplican para otros métodos de *reiki*. Cualquier afección médica debe tratarse con medicina convencional y la energía psíquica solo debe servir de apoyo.

Esta ayuda no debe prestarse durante una intervención quirúrgica, sobre todo si la persona está sometida a anestesia general. La anestesia impide que la mente regule sus funciones. Cualquier alteración del sistema energético durante este periodo puede causar problemas durante y después de la cirugía. Debe ser consciente de esto mientras perfecciona sus habilidades telepáticas. Por ejemplo, si alguien cercano a usted va a ser operado, puede que intuitivamente quiera enviarle energía *reiki* para ayudarle a superar el procedimiento. Asegúrese de esperar hasta que comience el proceso de recuperación postoperatoria para enviarle la energía curativa.

Capítulo 10: Activar su templo del tercer ojo

El viaje al templo del tercer ojo implica diferentes técnicas. El chakra del tercer ojo puede ser usado para varios propósitos psíquicos y es ideal para mejorar la sanación psíquica. Este capítulo explica las medidas que puede tomar para activar su templo del tercer ojo. También cubre los siguientes aspectos:

- ¿Qué puede hacer en este templo?
- ¿Cómo puede usar el templo?
- ¿Qué le puede pedir a sus guías?
- ¿Cómo resolver problemas específicos o liberar bloqueos?

Se presenta una visión de los diferentes propósitos para los que puede usar el área del tercer ojo en *reiki* y se explica detalladamente cómo conectar con el *reiki* a través del tercer ojo.

Comprender el templo del tercer ojo

El tercer ojo también es conocido como el sexto chakra o sexto sentido del cuerpo. Está situado en el centro de la frente, paralelo a las cejas, y se cree que está relacionado con la conciencia, la percepción y la comunicación espiritual.

Cuando se utiliza este chakra, se encuentra gran comprensión y sabiduría. También profundiza la conexión espiritual, lo que resulta muy útil para la sanación.

El chakra del tercer ojo se relaciona con rasgos como la concentración, la claridad, la intuición, la imaginación, la conexión universal y la percepción espiritual. Se cree que está relacionado con la glándula pineal, que tiene forma de cono y el tamaño de un frijol. Los místicos y videntes la consideran una herramienta fundamental y se cree que proporciona una conexión universal. La mayoría de las culturas reconocen que la glándula pineal está vinculada biológicamente al chakra del tercer ojo.

¿Qué puede hacer el chakra del tercer ojo?

Este chakra se considera la puerta de entrada al mundo espiritual, incluidas todas las cosas psíquicas. También favorece una visión clara, elimina los bloqueos mentales y mejora la flexibilidad cerebral. Muchas culturas lo consideran el sentido más importante, y activarlo es fundamental.

Si su chakra del tercer ojo está bloqueado, probablemente se sienta fatigado, atascado, tenga poca creatividad, sea pesimista, tema al éxito, sienta falta de motivación y reprima recuerdos. También es posible que se enfrente a distintos problemas, como la confusión y la incertidumbre. El tercer ojo ve el mundo verdadero y sus conexiones espirituales, mientras que nuestros ojos ven los aspectos físicos. Si experimenta alguno de estos signos, significa que debe activar su tercer ojo. Activar su templo del tercer ojo tiene muchas ventajas. Cuando su tercer ojo está abierto, su mente se vuelve más tranquila y se enfoca con más facilidad. Independientemente de lo que haga para ganarse la vida, experimentará un cambio positivo tras la activación del tercer ojo. Las siguientes son algunas de las experiencias que vienen con la apertura de su chakra del tercer ojo.

- **Sabiduría:** La activación del tercer ojo le brinda sabiduría, iluminándolo para que distinga la verdad de la ilusión. En otras palabras, le da la sabiduría de la iluminación.
- **Más atención:** Su atención en los detalles mejora significativamente cuando su tercer ojo está abierto. Su mente se concentra más y es más consciente de lo que ocurre a su alrededor. Los sentidos del oído, la vista y el gusto se agudizan.
- **Disfrutar de la paz:** Cuando su chakra del tercer ojo está activado, puede disfrutar de más paz y disminuyen los problemas de ira. El enojo y la ira no le afectarán cuando el tercer ojo esté abierto, y se sentirá en paz. La activación del tercer ojo también conduce a una profunda sensación de calma en la mente.

- **Devoción:** La activación del tercer ojo conduce a la devoción, que es una experiencia del corazón. La claridad mental conduce al enfoque y a la mejora de la concentración. Aporta perspicacia y decisión a la hora de abordar distintos asuntos.

Cómo afecta el tercer ojo a la salud mental

El chakra del tercer ojo afecta emocional y espiritualmente de muchas maneras, aunque la ciencia convencional no reconoce este vínculo. Sin embargo, hay muchos informes anecdóticos de sucesos inexplicables relacionados con el tercer ojo. A menudo se utiliza como puerta de entrada al mundo espiritual. Estos son algunos de los efectos de la telepatía en nuestra mente.

Telepatía

La telepatía implica la comunicación directa entre dos mentes y no es solo un mito. La mente percibe los pensamientos de otra persona sin utilizar sentidos reconocidos. Esto se conoce como comunicación telepática, en la que una mente transmite información a otra. Cuando las creencias o pensamientos de otra persona influyen en la mente de alguien, se conoce como control mental.

El control mental puede ser dirigido desde el templo del tercer ojo, donde la influencia proviene del exterior. Sin embargo, también puede llevar a la destrucción, y esto depende de la persona que impone su poder en la mente de otro. Los conocimientos transmitidos a través de la comunicación telepática ofrecen beneficios y desventajas, por lo que debe creer en sus instintos.

Clarividencia

La clarividencia ayuda a predecir el futuro y el tercer ojo puede influir en ello cuando está activado. Este centro de energía le ayuda a hacer algo más que predecir el futuro. Será consciente del panorama general cuando abra su tercer ojo. La capacidad de verlo todo le ayuda a cambiar su perspectiva y a tener una visión clara de sus puntos ciegos y comprenderlo todo desde la perspectiva colectiva. Sin embargo, antes de utilizar su tercer ojo para ver a través del espacio y el tiempo, debe utilizarlo para verse a usted mismo.

Sueños lúcidos

Los sueños lúcidos ocurren cuando se está consciente y muchas personas los han experimentado a lo largo de la vida. Es una forma de metacognición o conciencia de su conciencia. Durante un sueño lúcido, usted controla lo que ocurre, cosa que solo es posible si tiene abierto el chakra del tercer ojo. En algunos casos, los sueños se hacen realidad y pueden orientarlo en su vida. Si activa su tercer ojo, podrá interpretar los sueños.

Cómo abrir el tercer ojo

Los rituales para abrir el tercer ojo no son complicados e incluyen pasos sencillos. Los siguientes son algunos métodos que puede considerar para abrir su tercer ojo.

Tacto

Puede utilizar el tacto para despertar la energía de su templo del tercer ojo. Puede usar su dedo para presionar o golpear el tercer ojo mientras recita su afirmación favorita. Este es un ritual sencillo que se puede hacer en cualquier lugar y no requiere herramientas o equipos especiales.

Visualización

La visualización es otra técnica que puede considerar para despertar su tercer ojo. Este proceso requiere concentración, por lo que cualquier cosa que mejore su atención le ayudará en el proceso. El método de visualización implica los tres pasos siguientes:

- Sujete cualquier objeto delante de sus ojos e intente estudiar sus detalles. Tómese su tiempo para anotar mentalmente sus observaciones.
- Cierre los ojos y visualice el objeto que ha estado sosteniendo. Tómese unos treinta minutos para concentrarse en el objeto que ha estudiado.
- Repita este proceso todos los días. También puede ampliar el tiempo de concentración y practicar con objetos más complejos.

Este ejercicio ayuda a aterrizar su visión para manejar las percepciones que requieren de una conciencia más elevada.

Active su chakra del tercer ojo

Para activar su tercer ojo, empiece por enviarle gratitud. Esto estimulará su capacidad intuitiva y su conexión con la naturaleza. La glándula pineal regula el ciclo sueño-vigilia, que es importante para abrir correctamente el tercer ojo.

Complemente su dieta

Si come bien, puede hacer muchas más cosas, incluyendo la apertura de su tercer ojo. Hay muchos alimentos que puede incluir en su dieta para apoyar a su tercer ojo, y algunos que lo limitarán. Coma muchas nueces, bayas, ajo, semillas, coco, miel, hierbas y alimentos con vitamina D3. Todos ellos ayudan a la glándula pineal, que a su vez favorece al tercer ojo.

Use aceites esenciales

Los aceites esenciales sirven para curar dolencias
https://pixabay.com/images/id-3532970/

Los aceites esenciales curan muchas dolencias y mejoran la salud, además de que pueden hacer maravillas para abrir el tercer ojo. Puede crear sus propias mezclas de aceites esenciales y la mayoría de ellas le resultarán beneficiosos, pero se recomiendan especialmente el jazmín y el sándalo. Utilice siempre un aceite portador para diluir los aceites esenciales y asegurarse de que la mezcla es segura.

Al mezclar con un aceite portador, no necesita mucho aceite esencial, entre cinco y siete gotas serán suficientes. Como el tercer ojo se encuentra entre los ojos, apliquese un poco en la frente para abrirlo. Recuerde de cantar mientras se aplica el aceite y después de haberlo aplicado.

Mire al sol

Puede aprovechar el poder del sol para despertar su tercer ojo. Nunca mire directamente al sol cuando esté en el cielo, pero míralo de cerca al amanecer y al atardecer. Dedique unos minutos a ello cada día; también puede meditar mientras lo hace para despertar el tercer ojo. El poder del sol afecta a su glándula pineal, activando el tercer ojo.

Medite y recite

La meditación desempeña un papel fundamental en la activación de la glándula pineal a través de la intención y la vibración. Ayuda a canalizar las energías, mejorar la concentración y eliminar las toxinas negativas del cuerpo. El tercer ojo conecta con los sentimientos viscerales y funciona más rápido que los cinco sentidos. Sin embargo, para disfrutar de los beneficios del sexto sentido, debe abrir el ojo dormido. Aquí es donde la meditación resulta útil y se considera la mejor forma de despertar y activar el tercer ojo.

Hay diferentes formas de meditación que puede considerar que están diseñadas para mejorar la conciencia y llevarla a un nivel superior. Esto le ayudará a eliminar la ansiedad y otras formas de preocupación. La meditación también ayuda a la mente a trabajar al máximo y mejora la concentración.

Como en cualquier forma de meditación, debe estar en calma en un entorno tranquilo y escuchar los sonidos relajantes de la música. Encuentre un lugar apropiado para sentarse cómodamente en una silla o en el suelo. Debe relajar los hombros, mantener la columna erguida y las manos sobre las rodillas. Otras partes de su cuerpo, como el estómago, la cara y la mandíbula deben estar relajadas. Asegúrese de que su cuerpo está abierto a la energía positiva.

Puede empezar acercando el dedo índice al pulgar y cerrando suavemente los ojos. Respire lentamente, y asegúrese de usar la nariz para inhalar y exhalar manteniendo los ojos cerrados. Intente mirar al tercer ojo, entre las cejas; también puede utilizar los dedos para localizarlo. Mientras respira lentamente, canalice su mirada hacia este punto y concéntrese en él durante algunos minutos. Continúe haciéndolo hasta que empiece a aparecer una luz blanca azulada o blanca. Cuando llegue a este punto, entrará en una etapa de sanación y su concentración estará en el nivel más alto de efectividad. En esta etapa debe dejar ir las malas energías, y la concentración debe ser su máxima prioridad.

Cante mientras medita para ayudar al hueso de su nariz a resonar. Esto estimulará la glándula pineal, que está relacionada con el tercer ojo. Cantar también ayuda a centrarse en las cosas que agradece de su vida. Cuando medite, es fundamental que tenga en cuenta la importancia del tercer ojo. Lo que cante debe salir de su corazón; asegúrese de incluir las cosas que quiere lograr una vez que su chakra del tercer ojo esté activado.

La meditación es un ejercicio sencillo, ya que no hay ninguna regla estricta que seguir. Permanezca en posición de meditación durante unos segundos y, a continuación, parpadee. Cuando haya terminado, continúe con sus actividades habituales. Puede meditar cada mañana o unos minutos antes de acostarse. Esto hace maravillas para sanar y activar sus chakras. Solo asegúrese de estar concentrado en lo que quiere lograr con respecto a su chakra del tercer ojo.

Use Cristales

Los cristales tienen energías curativas y son cruciales para abrir el tercer ojo. Elija gemas de color morado para potenciar su tercer ojo. El púrpura y colores similares son excelentes para equilibrar, abrir el tercer ojo y afirmar el yo.

Coloque los cristales entre sus ojos, encima de su tercer ojo. Se cree que las piedras preciosas poseen energía que estimula los chakras. Las diferentes piedras se utilizan para diversos fines, por lo que debe elegir las que mejor se adapten a sus necesidades.

¿Cuánto tiempo toma abrir el chakra del tercer ojo?

Depende de la persona. Cambia de una persona a otra y también cambia a lo largo del año, e incluso según la hora del día. Aunque abra el tercer ojo, esta es una práctica que dura toda la vida y que nunca se domina del todo, solo se mejora. Puede dedicar todo el tiempo que quiera cada día a abrir su tercer ojo. Sin embargo quince minutos diarios deberían ser suficientes con las prácticas anteriores. No lo fuerce; espere a que el ojo se abra de forma natural, como si se despertara de un sueño.

¿Cómo saber si el tercer ojo está abierto?

Su chakra del tercer ojo es su sexto sentido y lo va a guiar intuitivamente por la vida, así que si siente que su sexto sentido le está ayudando, es probable que su chakra esté abierto. Use su intuición para desarrollar el tercer ojo una vez que esté abierto. Su sexto sentido también está relacionado con la sabiduría, el crecimiento, la curación y el espíritu. Medite aunque crea que su ojo está abierto y siga mejorando cada día mientras mantiene su salud.

Capítulo 11: Caja de herramientas para *reiki* psíquico: Cristales, talismanes, baratijas y el tarot.

Todo en la vida está conectado por la energía, y la sanación *reiki* aprovecha al máximo este campo de energía. Este capítulo habla de las herramientas necesarias para la sanación, desde los cristales hasta el tarot y todas las demás. Posteriormente, se explica cómo usar cada una y el resultado que pueden traer a su práctica de sanación.

Cristales y piedras preciosas

Los cristales son conductores de la energía sanadora de la Tierra
https://www.pexels.com/photo/photo-of-assorted-crsytals-4040639/

Cuando se utilizan correctamente, los cristales son conductores de la energía curativa de la Tierra. Emiten vibraciones edificantes, positivas, relajantes y energizantes que revitalizan y pacifican la mente. Hay distintos tipos de cristales o piedras preciosas y cada una tiene un uso específico para el cuerpo y la mente. Las vibraciones y energías producidas por los cristales tienen poderes curativos que afectan de diversas maneras. Sin embargo, los expertos médicos afirman que ninguna investigación científica avala la eficacia de los cristales para curar enfermedades.

Aunque se han encontrado reacciones sobre los poderes curativos de los cristales, estas piedras producen un tipo de beneficio físico y mental que puede atribuirse al efecto placebo. Muchas personas tienen gran fe en el poder curativo de la oración, y lo mismo ocurre con los cristales. El efecto placebo está respaldado por la investigación científica y, por otro lado, los cristales no causan ningún daño a su salud. Usar piedras en su vida aumenta su confianza y su energía positiva.

A la hora de elegir piedras preciosas, debe determinar sus necesidades de bienestar, ya que los distintos cristales se utilizan para diferentes dolencias. Estas piedras vienen en diferentes colores y se pueden utilizar como joyas. Algunas dan una sensación de calma cuando se llevan puestas y varias de ellas son buenas para la práctica de la meditación. Los siguientes son los tipos de cristales que puede incluir en su caja de herramientas.

- El cuarzo cristal es ideal para principiantes, ya que proporciona más energía y carga las intenciones al meditar.
- La turmalina negra protege contra la energía negativa. Para proteger su entorno, coloque esta piedra sobre su escritorio, en la puerta de entrada o en las esquinas de su habitación.
- La amatista ofrece energía calmante y ayuda a relajarse por la noche. Puede poner esta piedra debajo de la almohada para dormir plácidamente. Este cristal es bueno para usted, sobre todo después de un día ajetreado.
- El citrino representa la luz, la alegría y la felicidad. Si se siente decaído, puede invocar los poderes de esta piedra.
- La aguamarina se puede llevar como collar y ayuda a decir la verdad. Esta piedra es un buen accesorio si tiene deficiencias en el habla. La piedra también ayuda a alcanzar sus objetivos cuando emprende proyectos creativos.

- El cuarzo rosa se asocia con el amor y abre el corazón. Puede guardarlo en su dormitorio para obtener resultados constantes.
- El ojo de tigre es una piedra de enraizamiento que mejora el rendimiento físico en diferentes actividades como el deporte.
- La piedra lunar ayuda a su corazón cuando se siente decaído.
- El ópalo rosa ayuda a liberar la ira y la tensión.
- La *kianita* es buena para la vida diaria y refuerza el vínculo entre la mente y el cuerpo.

Independientemente del cristal que elija, asegúrese de cargarlo dejándolo al aire libre bajo la luz directa de la luna o del sol durante unas cuatro horas. La luz del sol y de la luna son cruciales porque ayudan al cristal a retener más energía. Un cristal cargado puede ayudarlo de una forma que quizá no vea, pero sentirá el impacto.

Debe establecer intenciones claras y visualizar cómo alcanzará sus objetivos. Puede conseguirlo sosteniendo las piedras en las manos y sentándose en silencio. Piense en sus objetivos; la piedra absorberá su intención y se activará. Una vez cargada, puede utilizarla como quiera. Por ejemplo, puede llevarla como collar, guardarla en su oficina o simplemente sostenerla siempre que quiera reavivar su intención. Las piedras curativas pueden utilizarse junto con otras prácticas, como la meditación.

Bolas y cuencos de adivinación

Mirar dentro de un cuenco o bola de cristal es una práctica conocida como adivinación y se utiliza principalmente para adivinar lo desconocido. El objetivo de la adivinación es recibir o ver mensajes, imágenes, escenas o símbolos con información desconocida. Hay diferentes herramientas que se pueden utilizar, como esferas, cuencos o bolas de cristal. También se puede recurrir a la adivinación con nubes o con agua.

Cuando mire a la superficie del objeto elegido, su tercer ojo empezará a separarse de su cuerpo y sentirá como si estuviera meditando. Verá oscuridad en su visión; la mitad de ella debería ser negra. Cuando alcance este estado, empezará a oír voces o a ver mensajes, imágenes y símbolos. Si quiere practicar la adivinación con un cuenco o bola de cristal, debe seguir los pasos que se indican a continuación:

- Saque la bola de su lugar y monte el escenario.
- Limpie la bola de la forma que prefiera y que sea más eficaz.

- Cree un espacio sagrado en el que pueda colocar su bola de cristal a una altura cómoda para mirarla con facilidad. Encienda unas velas, utilice salvia para limpiar el espacio, encienda su incienso favorito y ponga su música preferida.
- Active una aplicación de grabación de voz para que no se le escapen detalles cruciales que podría pasar por alto si se limitara a escribirlo todo.
- Siéntese cómodamente, ya que este proceso puede llevar mucho tiempo.
- Comience a mirar y contar hacia atrás desde doce mientras visualiza cada número en la bola.
- Cuando haya terminado la cuenta atrás, tómese un tiempo para mirar al centro de la bola y empezará a ver manchas oscuras, manchas negras o nubes. Esto marca el comienzo de su visión y debe asegurarse de fijar su visión en las nubes oscuras una vez que las vea.
- Haga preguntas cuando empiece a oír algo. Diga todo lo que oiga en voz alta para grabarlo.
- Termine la sesión contando del uno al doce y agradezca a los espíritus que lo hayan guiado.
- Limpie las herramientas y vuelva a guardarlas.

Debería practicar la adivinación a menudo porque ayuda a entrar en trance rápidamente. Recuerde elegir una herramienta adecuada para su sesión. Puede practicar este método de curación siempre que necesite respuestas para algo que sienta que esté afectando su vida.

Tarot/cartas de oráculo

El tarot y las cartas del oráculo también se pueden utilizar para diferentes propósitos en el *reiki*. Las lecturas se utilizan principalmente para sesiones de clarividencia en las que el lector interpreta los mensajes transmitidos por las cartas del tarot. Puede preguntar lo que quiera; las lecturas suelen durar unos treinta minutos. Las cartas se centran en las cosas que quiera saber.

Si quiere saber algo sobre su profesión, puede preguntar a las cartas del tarot y recibir la respuesta por medio de un intérprete. También puede aprender a interpretar los mensajes, pero esto puede llevar más tiempo. En cualquier sesión, puede utilizar preguntas directas y el lector podrá darte respuestas relacionadas con sus finanzas, su trabajo y otras áreas que puedan afectar su vida.

Talismanes y objetos sagrados

Los talismanes y otros objetos sagrados son símbolos de protección y pueden utilizarse en diversas situaciones. Por ejemplo, puede utilizar un talismán protector para resguardar su espacio, así como para proteger los recuerdos de perturbaciones no deseadas o energías negativas. Puede llevar los talismanes puestos o guardarlos en lugares apropiados para proteger.

La energía del *reiki* también puede infundirse en los cristales, lo que aumenta su poder curativo. Un talismán o pulsera consiste en varios cristales curativos que magnifican el propósito de la intención cuando se infunden. Los cristales pueden formar diferentes amuletos con energía para resolver varios problemas en la vida.

La joyería infundida con *reiki* también se utiliza para proporcionar apoyo o impulsar las intenciones. Puede hacerse con un talismán cuando necesite amor. Si está ocupado con otros compromisos, un amuleto le proporcionará una curación rápida o una solución a su problema. Puede llevar su pulsera cargada de la forma que desee y aprovechar sus poderes curativos. Otros llevan pulseras para mantener a raya a los malos espíritus.

Baratijas

Al igual que los talismanes, se pueden utilizar diferentes tipos de baratijas en las sesiones de *reiki*. Las baratijas comunes incluyen joyas, reliquias, estatuillas y cualquier objeto significativo para el practicante. Estos objetos también pueden utilizarse para enviar mensajes telepáticos de sanación. Su baratija le da el poder de comunicarse con otras personas o simplemente recibir mensajes.

También puede hacerse con una pulsera que posea poderes curativos o sea capaz de mantenerlo calmado. Estas pulseras están hechas de distintos materiales y vienen en diferentes formas y tamaños. Antes de comprar una, debe deletrear su intención y esbozar los objetivos que quiere alcanzar. Comprender el propósito de cada material utilizado en la pulsera es vital. También puede utilizar la pulsera cargada con *reiki* en sesiones de sanación después de exponer su intención.

Agua de *reiki*

¿Se pregunta cómo cargar agua con *reiki*? Puede usar su agua cargada para beber, regar plantas, o para cualquier otro trabajo de sanación. Hacer agua de *reiki* es sencillo, ya el proceso solo requiere su intención. Las iglesias utilizan oraciones para cargar su agua, mientras que las bendiciones del espíritu se invocan en lugares sagrados.

Si entra en contacto con la naturaleza imperturbada, se trata de algo sagrado similar a lo que experimentan las personas religiosas. Aunque no existe una explicación científica de cómo se carga el agua, se cree firmemente que pueden utilizarse distintos métodos. El agua cargada puede utilizarse específicamente para la curación energética. Otra cosa importante es que la energía fluye a nuestro alrededor y no solo en nuestro interior, por lo que cuando interactuamos con el entorno o con otras personas, el flujo de energía se ve afectado por esa interacción.

Nuestro estado de salud es determinado por la libertad con que circula y fluye la energía en nuestro cuerpo. Aunque los terapeutas energéticos están formados para detectar los flujos de energía a través de sus manos y crear condiciones óptimas, la hidroterapia es un método perfecto que puede utilizarse para garantizar un flujo energético óptimo.

Esta terapia puede llevarse a cabo en una piscina de hidroterapia llena de agua cargada. Debe meterse en la piscina para relajarse y disfrutar del entorno mientras la energía alcanza su potencia óptima. Puede sentir algún tipo de molestia temporal en determinadas partes del cuerpo mientras se realinean. Después de la sesión en la piscina de hidroterapia, se sentirá renovado y con energía. El agua cura y puede sentir inmediatamente sus beneficios una vez que sale del baño.

También puede beber agua de *reiki*, que le proporcionará poderes curativos. Esta agua se utiliza después de una sesión de tratamiento. A menudo sentirá sed después del tratamiento. Muchas personas sienten la diferencia en sus cuerpos durante y después del tratamiento, que reequilibra el sistema energético del cuerpo. Si toma un baño con agua cargada, se sentirá rejuvenecido y con energía.

Si es principiante en el mundo de la sanación *reiki*, estas son algunas de las herramientas que debe conocer. Los elementos explicados en este capítulo pueden ser utilizados para diversas sanaciones, por lo que primero debe conocer y manifestar su intención. Asegúrese de que todas las herramientas estén cargadas o energizadas para obtener los mejores resultados. Siempre que utilice alguna herramienta para la curación, exprese su intención y repítala.

Conclusión

La energía *reiki* proporciona un poder curativo único. Una vez que domine esta técnica, podrá ayudar a las personas a través de suaves toques. En este libro, le hemos proporcionado toda la información que necesita para utilizar su poder psíquico y comenzar su viaje como practicante de *reiki* psíquico. Primero, explicamos el concepto de *reiki*, sus principios y sus símbolos. Para darle la experiencia completa como principiante, nos aseguramos de incluir lo que ocurre durante una sesión de *reiki*.

Para convertirse en un practicante de *reiki* psíquico, hay ciertas cosas con las que debe familiarizarse, como las energías, los chakras, la meditación y la visualización. Hemos dedicado dos capítulos de este libro a proporcionarle todo lo que necesita saber sobre estos cuatro conceptos. También hemos incluido ejercicios y técnicas para que aplique en sí mismo todo lo que ha aprendido.

Tener habilidades psíquicas es un don valioso. Sin embargo, si no trabaja en cultivarlas, se sentirá estancado y le faltará creatividad para ayudar a los demás. Los guías espirituales, la limpieza y la conexión a tierra ayudan a mejorar su don para ser un mejor sanador. También hemos introducido el concepto de las «claridades» y cómo desarrollan sus habilidades psíquicas, para que pueda ampliar su intuición.

La segunda parte del libro se centra principalmente en la curación. No puede curar a los demás sin antes curarse a usted mismo. Por esta razón, hemos incluido ejercicios para realizar técnicas de autosanación. Se trata de una habilidad vital que todo principiante debe dominar antes de trabajar con pacientes. Hemos proporcionado una explicación detallada de cómo conectar con el *reiki* y aprovechar su energía. Después de sanarse a usted mismo, estará listo para sanar a otros. Combinará su don psíquico y sus conocimientos de *reiki* para ayudarles a sentirse mejor.

También hemos discutido el uso de las habilidades telepáticas y psíquicas para que pueda realizar «sanación a distancia» usando varios símbolos y técnicas de sanación. Los psíquicos deben tener más que sus ojos normales abiertos. También deben activar su tercer ojo y viajar a su templo. Hemos dedicado un capítulo entero a la activación del templo del tercer ojo y a responder a todas las preguntas relacionadas, incluyendo cómo activar su chakra del tercer ojo.

Terminamos el libro hablando de todas las herramientas que un practicante necesita en su práctica, como cristales, tarots, baratijas y agua de *reiki*. Para ayudarle a empezar, hemos ofrecido consejos sobre el uso de estas herramientas y cómo incorporarlas a las sesiones de *reiki*.

A estas alturas, ya está familiarizado con el *reiki* psíquico. Utilice todo lo que ha aprendido hasta ahora para sanar a otros y a usted mismo. Siempre que tenga una pregunta o se sienta atascado con algo, vuelva a este libro y encontrará una respuesta.

Segunda Parte: Vampiros psíquicos

La guía de defensa personal psíquica para empáticos y personas altamente sensibles que desean protegerse de los ataques energéticos

Introducción

Estaba completamente bien. Estaba ocupándose de sus asuntos o paseando, y entonces alguien invadió su espacio. Era un compañero de trabajo, un amigo, un familiar o incluso un completo desconocido.

Entró, intercambió unas palabras con usted y se fue tan bruscamente como llegó. Después de que se fue, usted ya no era el mismo.

Tal vez estaba feliz, en paz, o incluso se sentía como en un día normal, simplemente normal. Lo único que sabe es que se sentía bien, pero el encuentro con esta persona lo agobió por completo.

Cuando se quedó solo de nuevo, se sentía ansioso, estresado, enfadado, triste o cualquier otra emoción negativa. No sabe por qué, cómo o cuándo se puso así, y lo intenta, lo intenta con todas sus fuerzas, pero parece que no puede deshacerse de ese sentimiento.

Si intenta concentrarse y recordar, le sorprenderá darse cuenta de que esa persona entró en su espacio de mal humor, pero se fue sintiéndose mejor. Entonces, ¿por qué es usted quien sigue luchando?

Si alguna vez se ha sentido agotado después de hablar, interactuar o incluso observar a alguien, entonces ya ha sentido lo que es enfrentarse con un vampiro psíquico.

Los vampiros psíquicos son personas que afectan negativamente las emociones de otros, ya sea de forma intencionada o no. Su mera presencia es suficiente para afectar a cualquier persona normal, así que imagine lo malo que es si invaden el espacio personal de un empático o de una persona altamente sensible.

El empático es un alma cariñosa, bondadosa y atenta, y la persona altamente sensible (HSP) es un espíritu extremadamente perceptivo, hiperconsciente y amable. El encuentro será, como mínimo, tóxico.

Por eso hemos decidido presentarle este libro. Aquí encontrará todo lo que necesitas saber para identificar y tratar con vampiros psíquicos.

Sabrá si usted es una persona empática o altamente sensible, y conocerá las sutiles diferencias entre ambos tipos de personalidad. Sabrá todo sobre cómo funcionan las auras y la energía, y luego aprenderá a protegerse de los vampiros psíquicos, a recargarse y a mantener un aura prístina y vibrante.

Probablemente, en el mercado encontrará un sinfín de libros sobre el mismo tema, pero hay una razón por la que este libro está hecho para usted.

Este libro ha sido escrito en el lenguaje más sencillo. No tendrá que lidiar con ninguna jerga específica ni con frases complicadas. Es un lugar ideal para que los principiantes se entiendan a sí mismos y aprendan a cuidar su energía.

Al final de este libro tendrá todo lo que necesita para detectar a un vampiro psíquico y evitar que manche su energía. Recibirá instrucciones prácticas, guías paso a paso y técnicas científicamente comprobadas para preservar su paz interior.

Para terminar su viaje a través de este libro con broche de oro, le daremos un desafío de treinta días para proteger su energía. Se levantará cada día y repetirá afirmaciones de poder, luego marcará ejercicios y otras prácticas de bienestar en la tabla que aprenderá a crear.

Lo que lo abrumaba antes ya no podrá afectarle tan radicalmente.

Ahora, es el momento de crear una versión más saludable, más pacífica y más vibrante de usted mismo.

Capítulo 1: ¿Es usted una persona empática o altamente sensible?

Los empáticos y las personas altamente sensibles son el refugio de los demás cuando se sienten mal o necesitan apoyo emocional. A pesar de ello, a menudo son malinterpretados y juzgados, especialmente en entornos altamente competitivos, como el lugar de trabajo.

Las personas altamente sensibles son muy perceptivas.
https://unsplash.com/photos/0Pf7fKRtDPI

Si le han dicho a menudo que es «demasiado sensible» o «demasiado emocional», hay muchas posibilidades de que usted sea una persona empática o altamente sensible.

Entonces, ¿qué significa ser una u otra? ¿Hay alguna diferencia entre los empáticos y las personas altamente sensibles? ¿Cómo puede saber si es uno de ellos? En este capítulo encontrará las respuestas a todas estas preguntas.

¿Quién es un empático?

Siempre que se habla de empáticos o de personas altamente sensibles, es fácil recordar la famosa cita de Dolly Parton: «Si ve a alguien sin una sonrisa, dele la suya».

Esta cita describe perfectamente a los empáticos. Los empáticos van por ahí con el corazón en la mano. Sienten que su único propósito en la vida es mejorar la vida de los demás, por lo que se encargan de resolver los problemas de otros. Esta necesidad de ayudar a los demás surge de su capacidad sobrehumana de sintonizar con las emociones de otras personas.

Su capacidad va más allá de la definición de empatía, que es la capacidad de comprender los sentimientos de los demás. No solo leen los sentimientos de los demás como si fueran libros abiertos, sino que también absorben esas emociones como si fueran propias.

Cuando los empáticos ven a personas tristes, se sienten tristes. Cuando se encuentran con personas enfadadas, frustradas, deprimidas o infelices, sienten lo mismo.

Tras años de investigación, la ciencia ha confirmado la presencia de lo que ahora se denomina «neuronas espejo» dentro del cerebro de los empáticos. Su empatía les permite ver a través de los estados emocionales de otras personas, y sus neuronas espejo les permiten reflejar los estados que presencian.

En resumen, los empáticos son personas muy sensibles a los estados emocionales de quienes les rodean. Si este es el caso de los empáticos, ¿qué pasa con las personas altamente sensibles? ¿Es solo un título elegante para los empáticos? No exactamente.

¿Quién es una persona altamente sensible?

Al igual que los empáticos, las personas altamente sensibles (HSP) son más sensibles que las personas normales. Sin embargo, la forma en que funciona su sensibilidad es fundamentalmente diferente a la de un empático.

Mientras que los empáticos sienten profundamente a los demás y reflejan sus emociones, las HSP tienen un sistema nervioso central reforzado que es extremadamente sensible a los estímulos externos. Resuenan con su entorno, y no necesariamente es por el trato con otras personas.

Su sistema nervioso central se estimula muy fuertemente con todo tipo de contactos: ambientales, físicos, emocionales y sociales. Este fenómeno se describe científicamente como sensibilidad de procesamiento sensorial o SPS.

Las HSP suelen ser despreciadas en la sociedad por reaccionar «exageradamente» o ser «demasiado sensibles». Sin embargo, su naturaleza altamente sensible les da una ventaja incomparable sobre los demás.

Según la Dra. Elaine Aron y sus colegas, que han pasado años investigando a las HSP, ellas representan alrededor del 20 % de la población. Esta investigación resumió las características de las HSP en cuatro aspectos clave, denotados en el acrónimo DOES, por sus siglas en inglés.

DOES se refiere a lo siguiente:

- **Profundidad de procesamiento**

Pueden escudriñar su entorno y procesar la información que perciben a una velocidad impresionante. Es un poco contradictorio que tarden tanto para responder a los estímulos, pero eso es solo porque les toma mucho tiempo analizar su entorno y probar las consecuencias de cada acción posible antes de moverse.

- **Sobreestimulación**

Con su gran capacidad para percibir y procesar información, es lógico que se sientan fácilmente sobreestimulados por la cantidad de datos que absorben. Sus sentidos del sonido, del tacto, del olfato, de la visión y del gusto son mucho más elevados que los de una persona normal, hasta el punto de que una rutina diaria puede resultarles excesivamente estimulante.

- **Reactividad emocional o empatía**

La «E» de DOES (proveniente de *Emotional Reactivity*) se refiere a la reactividad emocional, que les hace reaccionar fuertemente ante cualquier estímulo, o a la empatía, que les hace sentir las emociones de los demás.

- **Sensación de lo sutil**

  Las HSP son similares a los sensores afinados. Pueden reconocer acciones sutiles, como el lenguaje corporal de una persona, y comprender su estado emocional analizando esas señales casi imperceptibles.

Empáticos frente a personas altamente sensibles

Muchas veces, las HSP se confunden con los empáticos. Aunque ambos rasgos de personalidad son muy parecidos, no son lo mismo. Hay tantas similitudes como diferencias entre ambos.

Echemos un vistazo a las similitudes y diferencias entre los empáticos y las HSP:

- **Similitudes**

  Tanto los empáticos como las HSP tienen una naturaleza altamente sensible. Ambos se estimulan fácilmente, necesitan tiempo a solas para recargarse y se sienten fácilmente abrumados por las multitudes. Ambos disfrutan perdiéndose en la naturaleza, tienen un mundo interior rico y prefieren la paz y la tranquilidad al caos y el ruido. Aunque sea en menor medida, las HSP también disfrutan dando una mano a los demás siempre que pueden.

- **Diferencias**

  La mayoría de las HSP son introvertidas por naturaleza, pero los empáticos pueden ser introvertidos o extrovertidos. Por eso, las HSP suelen necesitar más tiempo de inactividad para recuperarse de las secuelas de la socialización o la sobreestimulación.

Por su parte, los empáticos llevan la elevada sensibilidad de las HSP a un nivel superior, como demuestra su capacidad para «reflejar» los sentimientos de los demás. Esta capacidad de reflejo puede ser demasiado fuerte, hasta el punto de que empiezan a mostrar los mismos síntomas físicos que notan en los demás. Por ejemplo, pueden sonrojarse cuando ven a alguien sonrojarse o experimentar dolores de estómago cuando alguien siente náuseas delante de ellos. Eso no es algo que experimenten las HSP.

Otro rasgo diferenciador es que los empáticos confunden las emociones de los demás con las suyas propias. A menudo son incapaces de discernir sus propias emociones de las de otros, por lo que suelen teñirse con los colores de sus compañeros. Por eso pueden comportarse de forma diferente según la persona con la que estén.

Por último, la mayoría de los empáticos son fuertemente espirituales, pero ese no es necesariamente el caso de las HSP.

Si tenemos en cuenta todos sus rasgos, los empáticos suelen ser personas muy sensibles, y no al revés. Esto puede explicarse por el espectro de la empatía, que tiene el siguiente orden:

Personalidades deficientes en empatía → Personas comunes → HSPs → Empáticos

Si los empáticos se sitúan en el extremo derecho del espectro, los narcisistas (y quienes padecen trastornos antisociales de la personalidad) se sitúan en el extremo izquierdo. Las personas comunes se sitúan en el medio, y las HSP tienen más empatía que las personas normales, pero menos que los empáticos.

Los retos de vivir con alta sensibilidad

Tanto si usted es un empático como una HSP, vivir con alta sensibilidad puede ser un gran reto. En el próximo capítulo, profundizaremos en los desafíos a los que se enfrenta cualquier persona altamente sensible, pero echaremos un vistazo previo aquí.

Vivir con alta sensibilidad plantea un sinfín de desafíos, entre los que se incluyen los siguientes:

1. Sentirse fácilmente estimulado por su entorno, por otras personas o por la vida cotidiana en general.
2. Agotarse emocional y físicamente con rapidez.
3. Sentirse estresado en lugares con mucha gente.
4. Sentir a menudo que nadie le entiende o que no encaja.
5. Sentir la necesidad de aislarse para hacer frente a la sobrecarga emocional o sensorial.
6. Tener problemas para establecer límites o decir «no».
7. Sentir miedo a la intimidad y a las relaciones románticas.
8. Ser fácilmente influenciable por las emociones de los demás.
9. Luchar contra la ansiedad o la depresión.
10. Tratar de evitar los conflictos.
11. Ser un autocrítico severo.

Los rasgos de los empáticos y las personas altamente sensibles

Tanto si es un empático como una persona altamente sensible, tendrá las siguientes características:

1. Tiene mucha empatía

Esto no hace falta decirlo, pero es alguien que siente profundamente las emociones de los demás. Como HSP, puede reconocer instantáneamente cómo se sienten los demás, lo que le hace entender sus pensamientos, hasta cierto punto. Esta característica es más aguda si es un empático, ya que refleja los sentimientos y estados emocionales de los otros.

2. Su intuición suele ser correcta

Tanto los empáticos como las HSP tienen una intuición asombrosa, que en la mayoría de los casos resulta ser cierta. Si es uno de los dos, a menudo tendrá una sensación visceral de que algo no está bien, tanto si puede encontrar la raíz de ella como si no. Esta sensación visceral le ayuda a reconocer cuando alguien está siendo deshonesto o a saber cuándo algo tendrá consecuencias negativas.

3. Le encanta perderse en la naturaleza

A mucha gente le encanta tomarse un descanso de su agitada vida para disfrutar de la serenidad de la naturaleza, pero los empáticos y las HSP se sienten en sintonía con la naturaleza siempre que se tropiezan con ella. Mientras que otros pasan por alto la belleza de la naturaleza durante los momentos de estrés, el mero hecho de pasar junto a las plantas o escuchar el canto de los pájaros puede ser suficiente para rejuvenecer a los empáticos y HSP.

4. No puede dejar de preocuparse

Aunque esto es más evidente en los empáticos, ambas personalidades tienen problemas para ocultar su naturaleza bondadosa. Siempre que un empático o una HSP se encuentra con alguien en apuros, se siente responsable de aliviar su dolor. La diferencia es que mientras las HSP pueden mantener su sentido del yo en estas situaciones, los empáticos suelen absorber esos sentimientos de angustia y hacerlos suyos. Los empáticos también se sienten profundamente preocupados y decepcionados cada vez que no pueden brindar ayuda.

5. La gente tiende a confiarle sus problemas

Gracias a su naturaleza empática, es un excelente oyente y apoyo. Esta es una de las principales razones por las que la gente le confía sus problemas, incluso si saben que no puede darles una solución. El mero hecho de hablar con usted les hace sentir mejor.

6. Está altamente sintonizado con el entorno

Aunque la mayoría de los empáticos solo son altamente sensibles a las emociones de los demás, algunos comparten la alta sensibilidad de las HSP hacia su entorno. Estos empáticos, como todas las HSP, se sienten fácilmente sensibilizados por las fragancias, los sonidos, los estímulos físicos y el gusto. Todos estos estímulos pueden incluso desencadenar desequilibrios emocionales. Después de una fuerte estimulación, necesitan un tiempo a solas en un entorno tranquilo para recargarse.

7. Su forma de ver el mundo es única

Los empáticos y las HSP ven el mundo de forma diferente a quienes les rodean. Su capacidad de sentir más allá de lo que hacen los demás amplía su experiencia, enriqueciendo su entorno interior. La mayoría de los artistas, músicos y creativos son empáticos o HSP.

Empáticos y HSP famosos

A lo largo de la historia han existido muchos grandes empáticos y HSP. Al igual que sus polos opuestos -los narcisistas, maquiavélicos y psicópatas-, los empáticos y las HSP han dejado una huella única en la humanidad. Sin embargo, a diferencia de sus contrarios, su legado brilla con fuerza.

Aquí hay algunos ejemplos de empáticos y HSP famosos:

1. Nelson Mandela

Nelson Mandela es una prominente figura histórica conocida por sacrificarse por el bien común. Su fuerte intuición le dio la fuerza para luchar por lo que creía que era correcto, y sacrificó años de su vida para lograr la libertad que anhelaba.

2. Oprah Winfrey

No hay casi nadie que no ame a Oprah. Su popularidad ha crecido gracias a su forma de utilizar habilidades empáticas para beneficiar a los demás. Siempre ha sido una figura maternal que brilla con un aura de cuidado. Si a eso le sumamos su capacidad para entender a la gente, no es de extrañar que todo el mundo confíe y le abra su corazón.

3. La Madre Teresa

Hay muy pocos empáticos que puedan lograr lo que hizo la Madre Teresa. Aunque pasó su vida cuidando a los enfermos y necesitados, mantuvo su estabilidad a lo largo de su trayectoria.

Tal vez sus creencias como cristiana devota la protegieron del agotamiento. Cuanto más daba a los demás, más recargaba su espiritualidad, y sentirse cerca de Dios le daba lo que necesitaba para mantener su energía empática.

4. Mahatma Gandhi

Mahatma Gandhi fue el pacifista por excelencia. Sacrificó años de su vida luchando por lo que creía, al igual que Mandela. También juró vivir una vida de castidad y pobreza, al igual que la Madre Teresa.

Su naturaleza empática le hizo vulnerable al sufrimiento de los demás, pero no cerró su corazón ni sufrió por la sobreestimulación. En cambio, aprendió a mantener el equilibrio entre sentir el dolor causado por las emociones negativas y calmar el alma para aceptar el sufrimiento. Como resultado, su impacto en el pueblo indio no fue menor que el de la Madre Teresa.

5. Nicole Kidman

Nicole Kidman se describió a sí misma como una persona altamente sensible, y es el ejemplo perfecto de cómo una HSP puede aprovechar sus habilidades para tener una carrera exitosa y satisfactoria. Al fin y al cabo, la actuación consiste en representar perfectamente las emociones de los personajes.

Kidman se mantuvo fiel a su naturaleza empática realizando trabajos filantrópicos y de caridad en su vida personal. Se convirtió en embajadora de la UNICEF y posteriormente fue reconocida como «Ciudadana del Mundo» por la ONU.

6. George Orwell

No se puede imaginar a George Orwell como una persona empática, aunque su naturaleza está filtrada en su obra. A su manera, Orwell luchó todo lo posible contra el colonialismo.

Incluso hubo un momento en que sintió la necesidad de llevar su empatía a un nivel que pocos podían alcanzar. Quería entender la miseria de la gente en un nivel más profundo, así que se disfrazó de mendigo en las calles de Londres y vivió allí durante un tiempo.

7. Dolly Parton

Puede ser difícil imaginar a alguien tan extrovertido y vibrante como Dolly Parton como un ser empático, y mucho menos como una HSP. Sin embargo, es un verdadero ejemplo de cómo las HSP tienen un entorno interior asombrosamente rico al que otros raramente llegan.

A lo largo de su carrera como compositora, Dolly tuvo el corazón abierto y se mantuvo fiel a sí misma. Es difícil de imaginar desde el punto de vista de un espectador, pero cualquier HSP puede sentir lo notable que es ese hecho.

En su último libro, *Dolly Parton, Songteller: My Life in Lyrics*, escribió: «Como compositora y como persona, tengo que ser suficientemente abierta. Sufro mucho porque soy muy abierta. Me duele mucho, y cuando me duele, me duele todo porque no puedo endurecer mi corazón y protegerme. Siempre digo que entreno los músculos alrededor de mi corazón, pero no puedo endurecerlos».

Póngase a prueba: ¿Es usted un empático o una HSP?

Basándose en lo que ha leído en este capítulo, es posible que sienta firmemente que es una HSP o un empático. Aquí tiene un cuestionario que le ayudará a identificar mejor su personalidad.

Prueba de empatía

Marque todas las afirmaciones que considere verdaderas.

1. A menudo le dicen que es tímido, demasiado sensible o introvertido.
2. Con frecuencia se siente ansioso o abrumado.
3. Discutir con otros, o escuchar a otros discutir, lo hace sentir mal.
4. A menudo siente que no pertenece.
5. Le agobian los lugares concurridos.
6. El ruido, los olores fuertes y la gente habladora lo sobreestimulan.
7. No tolera la ropa rasposa o es demasiado sensible a los productos químicos.
8. Prefiere conducir su propio coche para poder irse en cualquier momento.
9. Cuando se siente estresado, come en exceso.

10. Las relaciones íntimas lo hacen sentir asfixiado.
11. Se sobresalta con facilidad.
12. Es muy sensible a la cafeína o a ciertos medicamentos.
13. Tiene poca tolerancia al dolor.
14. Siente la necesidad de aislarse.
15. Absorbe fácilmente las emociones de los demás, y a veces incluso los síntomas físicos.
16. La idea de hacer muchas cosas al tiempo lo abruma: prefiere hacer una cosa a la vez.
17. Estar en la naturaleza lo rejuvenece.
18. Necesita mucho tiempo para recuperarse después de reunirse con vampiros energéticos.
19. Prefiere las ciudades pequeñas a las grandes.
20. Prefiere las interacciones individuales a las grandes reuniones.

Su puntuación
- De 1 a 5 afirmaciones: tendencias empáticas leves.
- De 6 a 10: tendencias empáticas moderadas.
- 11 a 15: tendencias empáticas fuertes.
- De 15 a 20: verdadero empático.

Test de alta sensibilidad

De nuevo, marque todas las afirmaciones que considere verdaderas:
1. Se siente fácilmente abrumado por los desencadenantes sensoriales.
2. Es hiperconsciente de cualquier cambio sutil en el entorno.
3. Le afecta fácilmente el estado de ánimo de otras personas.
4. Tiene una tolerancia al dolor extremadamente baja.
5. Cada vez que tiene un día ajetreado, siente la necesidad de aislarse en una habitación oscura, un rincón tranquilo, su cama o cualquier lugar privado para escapar de los estímulos.
6. La cafeína, en particular, lo hace más sensible.
7. Las luces brillantes, los tejidos gruesos, las sirenas, los olores fuertes y otros estímulos fuertes lo abruman fácilmente.
8. Tiene un entorno interior rico y complejo.

9. Disfruta y se siente profundamente conmovido e inspirado por las artes y la música.
10. Los ruidos fuertes le incomodan.
11. Su sistema nervioso a menudo se abruma, por lo que se toma un tiempo para estar a solas.
12. Tiene fuertes principios y valores morales.
13. Se sobresalta con facilidad.
14. Se agobia cuando tiene que hacer muchas cosas en poco tiempo.
15. Reconoce al instante lo que hay que arreglar cuando las personas se sienten incómodas en su entorno físico.
16. Se molesta cuando la gente lo incita a hacer muchas cosas a la vez.
17. Se esfuerza por evitar cometer errores u olvidar cosas.
18. Evita ver películas y programas violentos.
19. A veces, reacciona de forma desagradable cuando le abruma lo que ocurre alrededor.
20. Le da hambre con frecuencia: se enfada cuando tiene hambre.
21. Cualquier cambio en su rutina lo perturba.
22. Se desvive por organizar su vida y evitar situaciones o ambientes desagradables.
23. Se pone tan nervioso cuando alguien lo observa realizar una tarea que a menudo lo hace mucho peor que si estuviera solo.
24. Sus padres y profesores a menudo lo describen como sensible o tímido cuando era niño.

Su puntuación

Si has marcado más de catorce de las anteriores afirmaciones, hay una alta probabilidad de que sea una HSP. También puede ser una HSP si ha marcado menos afirmaciones, pero las ha sentido con mucha fuerza.

Tenga en cuenta que los resultados de estos cuestionarios solo deben ayudarle a entenderse mejor. No son en absoluto una respuesta definitiva ni una base sobre la que construir su vida.

Para describirlo brevemente, los empáticos son personas con una sensibilidad emocional extremadamente alta, mientras que las personas altamente sensibles tienen una sensación general de sensibilidad aumentada. Sin embargo, esto también significa que tanto los empáticos como las HSP son muy susceptibles a los cambios sutiles de su entorno.

Esta capacidad a menudo los hace vulnerables a las energías negativas, especialmente cuando se encuentran con otros que se aprovechan de su naturaleza empática.

En el próximo capítulo, profundizaremos en las dificultades a las que se enfrentan los empáticos y las HSP en su vida diaria.

Capítulo 2: Las luchas de la alta sensibilidad

La alta sensibilidad es un tema que no suscita mucho interés ni preocupación. Por este motivo, existen muchas ideas erróneas sobre ella y sobre quienes la padecen. Mucha gente no se da cuenta de que ser altamente sensible es mucho más que sentir emociones muy profundas o tomarse todo a pecho.

Un individuo altamente sensible tiene una mayor sensibilidad nerviosa central a numerosos estímulos, incluyendo actividades sociales, físicas y emocionales. Además de ser más sensible emocionalmente que una persona promedio, una HSP también tiene una menor tolerancia al dolor y se irrita ante fenómenos sociales y ambientales aparentemente normales, como grandes multitudes, interacciones físicas, luces brillantes y sonidos fuertes. Las HSP suelen ser juzgadas erróneamente como «demasiado dramáticas», «demasiado sensibles» o «muy extravagantes». Esto sucede porque ni ellas ni las personas comunes se dan cuenta de que la alta sensibilidad va acompañada de una amplia gama de fortalezas y cualidades, a pesar de los desafíos. La mayoría de las personas altamente sensibles creen que están solas y que nadie entiende realmente su lucha. Si se siente identificado con esto, quizá encuentre paz al saber que alrededor del 20 % de la población mundial es altamente sensible.

Ser una persona altamente sensible no es una condición que se diagnostique. Se trata simplemente de un rasgo de la personalidad que genera respuestas más intensas a determinados estímulos. Si ha realizado el cuestionario del capítulo anterior, probablemente ya tenga una idea de su posición en el espectro de la alta sensibilidad.

Las personas altamente sensibles suelen ser descritas erróneamente como introvertidas, o todo lo contrario. Es importante tener en cuenta que, aunque ambos rasgos de personalidad tienen características comunes, son muy diferentes. Esta confusión y la falta de conciencia en torno a la alta sensibilidad dificultan que las HSP se comprendan a sí mismas plenamente.

Este capítulo explora en profundidad lo que significa ser un individuo altamente sensible. Aquí aprenderá más sobre las situaciones que pueden ser desencadenantes, y esto le ayudará a identificar los momentos que generan su reactividad. También encontrará algunos ejemplos de luchas comunes que las HSP experimentan en su día a día. Por último, encontrará algunas técnicas de atención plena que le ayudarán a superar estas dificultades y a proteger su energía.

Las personas altamente sensibles en pocas palabras

Ser una persona altamente sensible implica muchas ventajas y desventajas. Si usted es una HSP, sin duda es consciente de los retos que le plantea este rasgo de su personalidad. Sin embargo, le sorprenderá saber que su elevada sensibilidad también puede darle ventaja en muchas de sus relaciones sociales, profesionales y románticas.

Cuando es tan sensible, no puede evitar ofenderse por las acciones o palabras sutiles de otros, incluso cuando no tienen intención de hacer daño. Es probable que reaccione de forma exagerada ante acontecimientos y situaciones cotidianas que para los demás se perciben como normales. Las discusiones leves en las relaciones también pueden causarle mucho estrés. Por desgracia, el hecho de que le digan constantemente que usted no es razonable y que sus reacciones son desproporcionadas puede hacer que se cuestione su propia cordura. Para que quede claro, no está delirando, y sí, sus sentimientos son válidos. Aunque no reaccione como los demás, percibe los factores negativos con más facilidad e intensidad que ellos. Pero el hecho de que las experiencias negativas lo afecten más profundamente no es un signo de debilidad.

Una de las desventajas de ser una persona muy sensible es que tiende a perder muchas experiencias y oportunidades sociales y profesionales. Esto se debe a que evita las situaciones que le hacen sentirse estresado y abrumado. Las situaciones que provocan sentimientos de malestar, como la violencia y los conflictos, pueden afectarle de forma significativa.

Sin embargo, esto significa que también le afectan y mueven mucho los aspectos positivos de la vida. La música, la belleza, el arte y la naturaleza pueden conmoverlo profundamente. Se emociona al presenciar acontecimientos conmovedores. Esto le da la capacidad de encontrar la belleza en todo lo que le rodea, y también le otorga unas excepcionales habilidades interpersonales. Ser una HSP le permite empatizar con los demás y sentir sus emociones. Crea grandes vínculos y relaciones con quienes le rodean, y la forma en que se preocupa por ellos lo convierte en un amigo indispensable. Aunque las HSP son muy blandas y emocionales, no son para nada ingenuas. Sus habilidades empáticas les permiten percibir la toxicidad a kilómetros de distancia. Siempre se dan cuenta de que algo no encaja, por lo que son muy cuidadosas a la hora de decidir a quién dejan entrar en su círculo.

Todas estas características hacen que las HSP sean, en general, receptivas y agradecidas. Agradecen por sus vidas y saben apreciar los pequeños placeres de la vida, ya sea una buena comida o una obra de arte fascinante. Esta es una cualidad muy importante de la que carecen muchas personas. La clave para encontrar la felicidad y mantener el equilibrio en la vida como una HSP reside en aprender a gestionar y utilizar sus atributos especiales. Así es como transforma sus debilidades en fortalezas. Para ello, tiene que comprender plenamente los retos que le plantea la vida. Puede que no se dé cuenta, como HSP, de que mientras sus dificultades son muy profundas, sus buenos momentos son extremadamente altos.

Posibles desencadenantes

Como todo el mundo, las HSP se sienten estresadas cuando se enfrentan a retos y situaciones difíciles. A menudo se agravan por situaciones a las que los demás no prestan demasiada atención. Cada vez que entran en una habitación, se dan cuenta de sutilezas, como comportamientos hostiles o tensiones leves. Por eso, los ambientes sociales y reuniones pueden ser especialmente agotadores para las personas altamente sensibles. A continuación, se enumeran algunas cosas que pueden resultar abrumadoras para una HSP:

Horarios muy ocupados

Mientras que algunas personas trabajan mejor bajo presión y sienten una sensación de satisfacción cuando tienen una agenda muy apretada por cumplir, esta situación ciertamente no es lo que le gusta a una HSP. Una vida ajetreada mantendrá en vilo a una persona altamente sensible. Es una receta para el estrés constante. A las personas altamente sensibles no les gusta tener muchas cosas que hacer en un tiempo limitado, incluso si ese tiempo es largo. No pueden evitar sentirse agobiadas por la posibilidad de no encontrar la manera de hacerlo.

Qué hacer: Si se encuentra atascado en una agenda muy apretada, asegúrese de añadir experiencias positivas a su lista de tareas. Haga algo divertido o dedíquese a una actividad relajante cada día. Puede dar un paseo largo por la naturaleza, pintar, hacer ejercicio, practicar yoga o cualquier otra actividad que lo tranquilice. De este modo, podrá aliviar parte de la presión. Durante este momento del día, intente liberar su mente de todas las cosas que tiene que hacer. Ocúpese de esta actividad positiva como lo haría con cualquier otro esfuerzo serio. Dirija toda su concentración y atención a ella.

Tener expectativas que cumplir

Como empáticos, los individuos altamente sensibles prestan una atención extra a las emociones y necesidades de quienes les rodean. Esto sucede porque automáticamente captan estas sensaciones y se preocupan por no decepcionar a los demás. Por esta razón, a las HSP les resulta especialmente difícil decir que no. Sentir la consternación de los demás no les facilita las cosas. Además, las HSP suelen ser muy autocríticas. También se hacen responsables de cómo se sienten los demás. Creen que es su deber hacerlos felices, lo cual es una responsabilidad muy pesada de asumir.

Qué hacer: La felicidad y las emociones de los demás no son su responsabilidad. Una de las razones por las que puede sentirse inclinado a cuidar de otros es que le cuesta poner en primer lugar sus propias necesidades. Recuerde siempre que si sacrifica sus propias necesidades por la felicidad de los demás, sentirá resentimiento. También se sobrecargará y ya no será capaz de ayudar a los demás como le gustaría. Si ser servicial lo hace feliz, debe mantener un equilibrio entre el cuidado de usted mismo y el de los demás. No puede ayudar si usted mismo está vacío. Aprenda a sentirse cómodo estableciendo límites en todas sus relaciones. También debe aprender a decir no cuando sus propios deseos y necesidades se vean comprometidos.

Conflictos

Los conflictos son muy estresantes para todo el mundo, especialmente si son con personas a las que quiere y por las que se preocupa. Sin embargo, para las HSP, los conflictos pueden ser extremadamente angustiosos. Muchas personas altamente sensibles evitan las conversaciones importantes para no tener posibles desacuerdos. Cuando se sienten tristes o decepcionados por las acciones de los demás, las HSP evitan hablar porque les preocupa crear problemas. Esto crea una enorme brecha de comunicación, que compromete las relaciones de una HSP.

Como mencionamos anteriormente, las personas altamente sensibles también son rápidas en captar las sutilezas y pueden notar inmediatamente cuando alguien se siente un poco mal. El problema aquí es que muchas HSP asumen inmediatamente que la otra persona está enfadada con ellas. En la mayoría de los casos, malinterpretan los comportamientos ajenos como una señal de conflicto inminente. Esto puede hacer que eviten a las personas sin ninguna razón.

Qué hacer: Como empático, usted se preocupa mucho por los demás. Sin duda, también le duele perder personas importantes en su vida. Por eso, tiene que ser capaz de comunicar sus sentimientos y preocupaciones a los otros. Si tiene relaciones sanas con los demás, lo escucharán y evitarán acciones o comportamientos que le molesten, en lugar de entrar en una discusión. Cuando sienta que alguien actúa de forma diferente a como lo hace habitualmente, no debe sacar conclusiones precipitadas. Por el contrario, debe comunicar sus preocupaciones. De este modo, sabrá si ese cambio de comportamiento tiene algo que ver con usted.

Niveles bajos de tolerancia

Todos tenemos diferentes niveles de tolerancia y es probable que experimentemos drenajes de energía cuando nos encontramos con ciertas experiencias o eventos. Lo que drena la energía de alguien no necesariamente afecta a otra persona. Para una persona altamente sensible, cualquier tipo de distracción puede ser perjudicial. Las HSP pueden agitarse y distraerse fácilmente con olores, ruidos fuertes o luces brillantes. Les puede resultar difícil relajarse cuando algo se sale de sus estándares de comodidad.

Las personas altamente sensibles pueden no apreciar las sorpresas, porque se desconciertan fácilmente. También pueden tener umbrales de dolor bajos y les puede ser difícil aguantar el hambre o la sed. Aunque estos son factores de estrés aparentemente pequeños, pueden llegar a ser extremadamente frustrantes para una HSP cuando se acumulan.

Qué hacer: Dado que no siempre puede controlar su entorno, especialmente en lo público, necesita establecer un espacio seguro para sí mismo en su casa. Las interacciones sociales y el entorno en general pueden ser muy abrumadores para usted. Por eso, necesita poder recargarse al llegar a casa. Asegúrese de que su casa es lo suficientemente relajante para sus necesidades. Manténgala organizada si el desorden le estresa. Mantenga las luces tenues y cambie los relojes tradicionales por los digitales si el tic-tac le molesta. Conocer sus necesidades en relación con su casa también garantizará que los electrodomésticos funcionen de forma óptima (sin zumbidos ni chirridos). De este modo, no tendrá que preocuparse por reparaciones. Si es sensible a determinadas texturas, asegúrese de eliminarlas de su casa. Puede decorar su casa con bonitas obras de arte, poner películas relajantes y utilizar velas aromáticas calmantes.

Fracaso

Como ya sabe, las personas altamente sensibles son excesivamente autocríticas. Esto les hace ser muy introspectivas y dudar de sí mismas. A las HSP les cuesta olvidar sus errores. No dejan de pensar en incidentes embarazosos o en situaciones en las que les parece que actuaron como incompetentes. Se estresan por los pequeños fallos más de lo que lo haría un individuo promedio. A los individuos altamente sensibles no les gusta que los observen o los evalúen cuando hacen algo. Este tipo de situaciones, como las exposiciones en público, los concursos o las presentaciones, pueden hacerlos sentir muy ansiosos. También es probable que se equivoquen por lo presionados y preocupados que se sienten. Las HSP se caracterizan por sus tendencias perfeccionistas y su necesidad de hacerlo todo bien.

Qué hacer: Recuerde que los errores son oportunidades perfectas para crecer y desarrollarse. Cuando se lamente por el pasado, recuerde que probablemente es la única persona que se ha dado cuenta. Si le preocupa una situación futura, piense en lo peor que puede pasar. ¿Qué importa si se olvida de un par de palabras durante su presentación, se equivoca durante el discurso o no consigue una clasificación óptima en una competición deportiva? Tendrá muchas oportunidades de enmendar sus errores. Además, es probable que sea el único que recuerde estos percances. De vez en cuando, actúe intencionadamente por debajo de su nivel. Coloree fuera de las líneas, no haga la cama por la mañana o cambie una receta que ha pasado meses intentando dominar. Acepte que no todo tiene que ser perfecto siempre.

Consejo general: si todavía no sabe cómo enfrentarse a ciertos estímulos, lo mejor es que los evite por completo. Conozca las cosas que lo hacen reaccionar y tome medidas para evitarlas. Por ejemplo, si se siente abrumado en zonas concurridas, haga sus diligencias a primera hora de la mañana. Si las interacciones físicas le provocan ansiedad, siéntese lejos de sus amigos más propensos a estos comportamientos. Si los sonidos fuertes le resultan insoportables, asegúrese de llevar auriculares para escuchar música siempre que lo necesite. No vea películas o vídeos de suspenso o violentos, ni lea o escuche canciones que lo hagan sentir mal.

Practicar la meditación y la atención plena

Practicar técnicas de meditación mejora la calidad de vida.
https://pixabay.com/images/id-1851165

Como HSP, necesita aprender a poner límites para mejorar su calidad de vida. Puede hacerlo practicando técnicas de atención plena y meditación. Estas actividades pueden ayudarle a entender cómo se siente en determinadas experiencias vitales. La meditación le permite observar sus emociones y pensamientos a través de una perspectiva más amplia. Con el tiempo, será capaz de calmar su cuerpo con más facilidad y eficacia. Esto le ayudará a recuperarse rápidamente del estrés y la ansiedad. Estas actividades también le enseñarán a desvincularse de lo que le abruma, para que las emociones intensas no lo superen.

Puede hacer estos ejercicios siempre que se sienta ansioso por un acontecimiento próximo. Si se siente abrumado por un determinado estímulo, aléjese de la situación y elija una de las siguientes actividades.

Esto le ayudará a recuperar la compostura para volver a la situación con una mente más clara y positiva. Incorporar estos ejercicios a su rutina diaria también puede ayudarle a lidiar con su alta sensibilidad de manera más eficiente a largo plazo. Son excelentes técnicas de gestión emocional y de pensamiento.

Ejercicios de atención plena

Restablezca su conciencia. El mundo moderno es muy exigente y va a un ritmo increíblemente rápido. Para mantener ese ritmo, todos nos olvidamos de prestar atención a nuestro entorno. Puede beneficiarse mucho si se toma el tiempo necesario para involucrarse plenamente con el entorno que le rodea. Conecte con la naturaleza y disfrute de experiencias vitales con todos sus sentidos. Observe los diferentes matices y colores de la naturaleza, toque las hojas cubiertas de rocío, huela las flores y escuche el canto de los pájaros. Saboree sus comidas y tómese el tiempo de identificar todos los sabores. Haga que comer sea un festín para sus ojos y disfrute de los olores involucrados en ello.

Esté plenamente presente. Esté totalmente atento a todo lo que hace. Asegúrese de experimentar la alegría incluso en las actividades más sencillas.

Practique la autoaceptación y la compasión. Siempre que esté siendo demasiado crítico con usted mismo, pregúntese si es así como trataría a un buen amigo.

Tome conciencia de su respiración. Siempre que se sienta abrumado o superado por pensamientos negativos, siéntese cómodamente y cierre los ojos. Respire profundamente y tome conciencia del ritmo y el patrón de su respiración. Inhale profundamente y exhale todo el aire.

Actividades de meditación

Meditación sentada: Siéntese en una silla con la espalda recta y los pies apoyados en el suelo. Mantenga las manos en el regazo y respire por la nariz. Preste toda su atención a la forma en que la respiración entra y sale de su cuerpo. Haga esto entre tres y cinco minutos. Si un pensamiento o una sensación física intrusiva interrumpen su práctica, no intente resistirse. En cambio, reconózcalo e imagine que se aleja como una nube. Vuelva a ser consciente de su respiración.

Meditación de exploración del cuerpo: Acuéstese de espaldas. Mantenga las piernas extendidas y apoyadas en el suelo, y ponga las manos a su lado con las palmas hacia arriba. Dirija lenta e intencionadamente su conciencia hacia las diferentes partes de su cuerpo.

Puede empezar por la cabeza y bajar hasta los dedos de los pies, o hacerlo al revés. Preste atención a cualquier emoción, sensación física o pensamiento relacionado con la parte del cuerpo en la que se está concentrando.

Paseos meditativos: Busque un lugar tranquilo para realizar esta meditación. Debe tener al menos tres o cuatro metros de largo. Camine lentamente y centre su atención en la experiencia. Fíjese en cómo se sienten sus pies en el suelo y en las sensaciones físicas que experimenta mientras está de pie. Sea consciente incluso de los más pequeños movimientos que le permiten mantener el equilibrio. Cuando llegue al final de la habitación o del camino, dé la vuelta y haga lo mismo de regreso.

Ser muy sensible suele considerarse un rasgo negativo de la personalidad. Sin embargo, no mucha gente se da cuenta de que las HSP pueden sobresalir en numerosas áreas de la vida con las técnicas de gestión adecuadas. Para aprender a manejar su alta sensibilidad, primero debe identificar sus factores de estrés.

Capítulo 3: Auras y energías

Un aura es un espectro electromagnético formado por el campo electromagnético que rodea su cuerpo. Espere, ¿qué? ¿Un campo electromagnético producido por su cuerpo? Es difícil de creer, pero el ser humano irradia un bajo nivel de electricidad, que solemos asociar con un campo electromagnético. ¿Pero cómo es posible? Todo cuerpo de materia, ya sea un ser vivo o un objeto inanimado, está formado por átomos. Desde el punto de vista de la física, su cuerpo está compuesto por un gran número de átomos que forman un todo. Ahora bien, cada átomo está formado por el núcleo, que contiene protones y neutrones, y una región exterior que contiene electrones y un espacio mayoritariamente vacío. Así que, en esencia, un átomo es un espacio vacío con carga. Cada átomo tiene un campo electromagnético que lo repele o atrae hacia otros átomos.

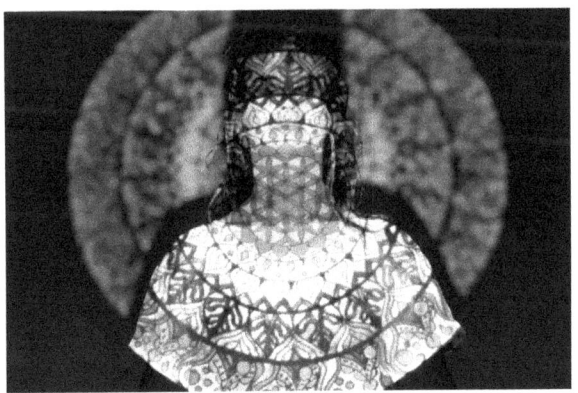

El aura es un campo electromagnético.
https://www.pexels.com/photo/light-woman-art-relaxation-6931816

Estos átomos se unen formando el cuerpo, y su campo electromagnético impide que se fusione con otra materia. Este campo electromagnético se asocia con la energía que puede emitir una persona. El espectro que se forma como resultado de este campo electromagnético es el aura de una persona. Los átomos presentes en su cuerpo vibran con una longitud de onda diferente a la de otros cuerpos. No podemos ver esta vibración porque ocurre a nivel atómico. El resultado es un espectro electromagnético de varios colores que conforman su aura. Piénselo así. Su aura es un halo que lo rodea y que la gente puede sentir con su presencia, aunque no es visible para todos. El aura también es un escudo protector del cuerpo físico.

Relación entre la mente, el cuerpo y el espíritu del aura

El aura de cada persona encarna su personalidad, su estado de ánimo y su espiritualidad. Contiene todas las energías negativas y positivas dentro de la mente y el cuerpo, y la energía predominante dicta el tipo de aura que se genera. El espectro electromagnético que compone el aura está formado por siete capas asociadas a un chakra concreto a lo largo de la columna vertebral. Cada chakra se identifica con un color.

Una persona con un aura sana expresa un cuerpo, una mente y un espíritu sanos. Por ejemplo, si una persona está llena de emociones negativas como rabia, celos e ira, la energía de su aura expresará lo mismo. Por el contrario, una persona con sentimientos cálidos y felices tendrá un aura tranquila que atraerá a la gente hacia ella. El mismo concepto puede aplicarse a las dolencias físicas. Las personas con problemas de salud tienen un aura poco saludable, mientras que un cuerpo saludable emana energía positiva. Las personas que pueden leer el aura pueden saber si una persona goza de buena salud o no.

Los siete chakras y los cuerpos áuricos

Los siete chakras.
https://pixabay.com/images/id-6513344

Las diferentes capas del espectro electromagnético que componen el aura de una persona también se conocen comúnmente como cuerpos sutiles. Estas capas suelen asociarse con los siete chakras energéticos del cuerpo humano. Todas las capas están cerca y se ven afectadas por los pensamientos, la salud, los talentos, el potencial vital e incluso las vidas pasadas o las lecciones kármicas de una persona. El color de su aura está sujeto a cambios según estos diferentes factores. Los siete chakras energéticos están asociados con las siete capas del aura, o cuerpos sutiles, en la siguiente forma:

1. Chakra raíz/Cuerpo etérico

El chakra raíz es la energía de la fuerza vital y está situado en la base de la columna vertebral. A menudo se asocia con el color rojo, ya que controla las actividades relacionadas con el corazón y la sangre. El chakra raíz está asociado a la primera capa que compone el aura: el cuerpo etérico. Esta capa es la más cercana al cuerpo físico y está compuesta por líneas de energía finas de color blanco azulado. Este color suele variar entre el azul claro y el azul intenso de una persona sana y feliz.

2. Chakra sacro/Cuerpo emocional

El chakra sacro, también conocido como el centro naranja o esplénico, es el centro de energía de los sentimientos y emociones. Situado cerca de la parte inferior del abdomen, el chakra sacro se asocia con el color naranja y controla sus emociones. Está asociado con la capa emocional del aura, que está ubicada justo encima del cuerpo etérico. Esta capa expresa el espectro de sus emociones en un aura parecida a una nube, que se extiende de tres a cuatro pulgadas desde su cuerpo. Al igual que sus emociones, esta capa tiene una gama variable de colores y a menudo se modifica con los cambios en las emociones.

3. Chakra del plexo solar/Cuerpo mental

El chakra del plexo solar está situado cerca del estómago y controla su energía mental. Está representado por el color amarillo y se asocia con la capa áurea del cuerpo mental. Esta capa contiene sus pensamientos e ideas, su lado creativo y sus procesos mentales. Muchas personas consideran que esta capa es un segundo cerebro donde se procesan los pensamientos. Constituye una luz amarilla brillante que irradia desde la cabeza y se mueve a lo largo del cuerpo.

4. Chakra del corazón/Cuerpo astral

El chakra del corazón está conectado con su energía emocional, y está localizado en el centro del cuerpo humano. Conecta todos los chakras superiores e inferiores y abarca las emociones complejas y las cuestiones relacionadas con el corazón. Por ello, se dice que es el puente entre el plano emocional y el físico. Este chakra está asociado con el cuerpo astral y se manifiesta como un hermoso arco iris. Cuando una persona está enamorada, esta capa de su aura es especialmente prominente y parecida a los fuegos artificiales.

5. Chakra de la garganta/Modelo etérico

Situado en la garganta, el chakra de la garganta regula su energía de comunicación y a menudo se asocia con el color azul. El chakra de la garganta está asociado con la capa del modelo etérico del aura, que se utiliza para indicar el plano físico de su cuerpo. Por esto, esta capa puede utilizarse para predecir dolencias o enfermedades físicas.

6. Chakra del tercer ojo/Cuerpo celeste

El chakra del tercer ojo conecta con la capa del cuerpo celeste y suele representarse con un color azul oscuro. Este chakra está situado justo en medio de los ojos y se asocia con la conexión y la comprensión espirituales. Representa la capacidad de concentrarse en lo que realmente importa. El cuerpo celeste regula las funciones espirituales y mentales, incluyendo las emociones, los pensamientos, las perturbaciones y la manifestación de la energía.

7. Chakra de la corona/Cuerpo celeste

El chakra de la corona está situado en la parte superior de la cabeza y se extiende hacia arriba. Está representado por el color violeta o el índigo. Esta capa vibra a la frecuencia más alta y, por lo tanto, protege todas las demás capas del aura. Esta capa se ve generalmente como un color blanco brillante en el lugar más externo del aura.

Las HSP y la lectura del aura

Como persona altamente sensible, probablemente ha experimentado una intuición muy fuerte de algo que está a punto de suceder, o simplemente ha sabido el estado de ánimo y la energía de una persona con solo mirarla. El problema de ser una persona altamente sensible (HSP) es que experimenta las cosas en una frecuencia diferente. Por eso es tan fácil para una persona altamente sensible leer el aura de alguien más. Como su cerebro está conectado de forma diferente, las HSP tienen una mayor conciencia de las emociones, tanto propias como ajenas. Al vibrar en una frecuencia más alta que las demás personas, las HSP captan el aura que emanan los otros.

Por ejemplo, una HSP es capaz de sentir la tensión entre una pareja, incluso si se comportan con total normalidad. Del mismo modo, es capaz de percibir los problemas, la fatalidad o la tristeza de alguien que padece una enfermedad, ya sea física o mental. Algunas personas altamente sensibles también afirman ser capaces de ver el aura y los diferentes colores que emanan de una persona. En este caso, es mejor que entienda lo que representa cada color del aura, ya que cada uno tiene significados diferentes.

1. Aura roja

El color rojo se asocia a menudo con el chakra raíz y, por tanto, con el corazón y la sangre. Los diferentes tonos de rojo simbolizan diferentes emociones y características de una persona:

- Rojo claro - simboliza los sentimientos sensuales, las emociones terrestres y los sentimientos energéticos.
- Rojo oscuro - representa la voluntad fuerte, la personalidad realista y la terquedad.

- Rosa brillante - a menudo considerado el color del amor, se asocia con la bondad, el amor y el afecto.
- Rojo tierra - los tonos más oscuros de rojo simbolizan la rabia, la ira, los sentimientos de ansiedad y la naturaleza implacable.

2. Aura naranja

El color naranja se asocia con el chakra sacro, que controla las emociones, la creatividad y la fertilidad. Principalmente, se producen dos tonos de naranja en las auras:

- Naranja brillante - se asocia con la valentía, la creatividad y un carácter extrovertido.
- Naranja oscuro - se inclina hacia emociones más oscuras como la adicción, el estrés, la falta de motivación o la ambición.

3. Aura amarilla

Conectada al chakra del plexo solar, o energía solar, el aura amarilla se asocia con la fuerza vital, el ego y el bienestar. Puede ser visible en tonos de:

- Oro brillante - conectado con sentimientos de despertar espiritual, protección divina e iluminación.
- Amarillo pálido - corresponde a una personalidad juguetona, desenfadada y optimista, con claridad espiritual.
- Amarillo turbio - un tono más oscuro de amarillo, generalmente se debe al estrés o a la fatiga.
- Amarillo brillante - Se asocia con una personalidad egocéntrica y controladora.

4. Aura verde

El verde está conectado con el chakra del corazón. Representa la bondad, la compasión y el crecimiento. Suele ser visible en tonos de:

- Verde claro - simboliza la creatividad, el amor y la compasión.
- Verde oscuro - representa una personalidad empática y tranquilizadora, así como una naturaleza curativa.
- Verde turbio - indica una emoción más oscura, relacionada con sentimientos de resentimiento, celos e inseguridad.

5. Aura azul

Correspondiente al chakra de la garganta, el aura azul se relaciona con la veracidad, la comunicación y la expresión. Es visible en las siguientes tonalidades.

- Azul claro - se asocia con sentimientos de paz y una personalidad veraz.
- Azul oscuro - simboliza la apertura de mente y una profunda conciencia espiritual.
- Azul turbio - se asocia con el miedo al futuro y las cosas ocultas.

6. Aura púrpura

Asociada con el chakra del tercer ojo, el aura púrpura está relacionada con la sabiduría, la espiritualidad y la intuición. Tiene matices de:

- Blanco y violeta - sentimientos de intensa curación, sabiduría y naturaleza meditativa.
- Índigo - se asocia con la sabiduría, la intuición y la integridad.
- Violeta - tiene que ver con los sentimientos de curación y responsabilidad.

7. Aura plateada

Suele manifestarse en ondas superpuestas con otros colores y representa emociones intensas. Visible en tonos de:

- Plata brillante - representa una personalidad nutritiva y una naturaleza intuitiva.
- Gris turbio - indica problemas de salud subyacentes.
- Gris oscuro o negro - simboliza bloqueos energéticos o sentimientos de dolor reprimido.

Cómo leer su aura

Antes de empezar a leer su propia aura, debe entender cómo es un aura o campo electromagnético. Para ello, elija un objeto colorido al azar y colóquelo sobre un fondo neutro. Deje que su visión se difumine y se suavice antes de enfocarla en el objeto. Empezará a ver un color borroso que rodea al objeto y que es el aura del mismo. Practique esta técnica con objetos tanto como le sea posible, y luego pase a las plantas. Las plantas tienen un aura más definida en comparación con los objetos inanimados. Una vez que haya practicado lo suficiente, es el momento de empezar a leer su propia aura.

Para leer su aura, póngase delante de un espejo y concéntrese en una parte de su cuerpo, preferiblemente las manos. Frote sus manos, sepárelas lentamente y vuelva a juntarlas. Mientras hace esto, suavice su visión y fíjese si percibe un color distinto alrededor de sus manos. Lentamente, este color se volverá más claro, y podrá observarlo alrededor de su cuerpo. Incluso puede notar una mezcla de diferentes colores.

Cómo leer el aura de otra persona

Leer el aura de otra persona es muy parecido a leer la propia, y las HSP suelen tener muy buen instinto para esto. Para leer el aura de otra persona, todo lo que tiene que hacer es pedirle que se ponga de pie sobre un fondo neutro. Enfóquese en la nariz de la persona, pero no muy profundamente. Asegúrese de mantener su vista relajada mientras se concentra en la visión periférica. De este modo, aunque sus ojos estén sobre la nariz de la persona, también podrá observar su silueta. Al cabo de un rato, empezará a observar un contorno benigno que se forma alrededor de la persona. En ese momento, con su visión periférica, debe observar el contorno, y notará que se hace cada vez más fuerte. Por último, mueva su mirada de la nariz del sujeto hacia su frente para ver mejor el aura.

Cómo diferenciar su aura de la de otra persona

Los empáticos y las personas altamente sensibles suelen confundir los sentimientos y el aura de otras personas con los propios. Esto se debe principalmente a su capacidad de sentir intensamente las emociones de los demás, que confunden con sus propios sentimientos. A veces esto puede ser agotador, y las HSP deben ser capaces de diferenciar su propia aura y energía de la de otras personas. Para ello, siga estos consejos:

- Cuando se sienta abrumado por las emociones y la energía negativa, tómese un momento para respirar y calmarse.
- Pregúntese si realmente se siente de una manera determinada o si está canalizando la energía de otra persona.
- Observe sus emociones y tómese unos momentos para pensar antes de responder a la pregunta anterior.
- Al cabo de un rato, se dará cuenta de que el aura negativa que sentía no era suya, sino de otra persona cercana, posiblemente alguien a quien quiere.
- En lugar de dejarse abrumar, póngase en paz e intente ayudar a su amigo o a su ser querido a superar su problema.

Aunque no hay pruebas científicas concretas que respalden la existencia de las auras, muchas personas han experimentado este fenómeno. El aura de alguien puede decirnos muchas cosas: sus sentimientos, su personalidad e incluso sus emociones ocultas. Sin embargo, como persona altamente sensible, también es importante que se cuide a usted mismo y aprenda a poner límites en su empatía. Tanto si es una HSP como si no, los límites son lo más importante para llevar una vida sana.

Capítulo 4: Cómo identificar las energías tóxicas

Los empáticos y las personas altamente sensibles deben aprender a identificar las energías tóxicas para evitarlas. Por desgracia, no hay una aplicación en su teléfono que le avise cuando está cerca de personas negativas. La energía tóxica se refiere a la negatividad que se manifiesta en los sentimientos y las acciones de una persona. Por ejemplo, alguien que está celoso, enfadado e insatisfecho con su vida siempre intentará menospreciarlo y nunca podrá celebrar sus éxitos o alegrarse por usted. Incluso puede hacerlo sentir mal cuando comparte buenas noticias porque está consumido por los celos y la ira.

Las personas con energía tóxica son una fuerza destructiva para sí mismos y para quienes les rodean. Son consumidos y devorados desde dentro. Esa energía se apodera de ellos y son incapaces de controlarla. Esa toxicidad se manifiesta en acciones que pueden herir e incluso destruir a quienes forman parte de su vida. Dicho esto, no todas las personas tóxicas son conscientes de este tipo de energía, pero eso no hace que ellas o sus acciones sean menos dañinas.

Ya sean positivas o negativas, las energías se sienten, especialmente si usted es un empático o una persona altamente sensible. Por esta razón, la mejor manera de identificar la energía tóxica es observar cómo se siente cuando está cerca de ciertas personas. La negatividad es un vacío o un vampiro que succiona su energía. Después de pasar tiempo con estas personas, se siente agotado y de mal humor. Aunque no muestren un comportamiento tóxico, la energía y las malas vibraciones que emiten pueden afectar negativamente su estado de ánimo y su psique. Como HSP, usted es capaz de percibir cosas que la mayoría de la gente no puede, y esto puede afectarlo más que a otros. Puede que ni siquiera sea consciente de ello, sobre todo si la persona que lo rodea no muestra ningún rasgo negativo o tóxico. Lo único que sabe es que se siente peor y agotado cada vez que está cerca de ciertas personas.

¿Cómo se pueden identificar las energías tóxicas?

Además de sentirse peor y agotado después de pasar tiempo cerca de una energía tóxica, hay ciertos comportamientos a los que debe prestar atención para protegerse de los vampiros energéticos.

Se quejan todo el tiempo

Suelen quejarse de todo y de todos. Están tan consumidos por la energía tóxica que no pueden ver nada bueno y solo se concentran en lo negativo. Incluso si todo está bien, encontrarán algo de lo que quejarse.

Nunca es su culpa

Siempre son las víctimas, ya sea de sus circunstancias o de alguien más. Nunca tienen la culpa de nada. Nunca reflexionan sobre sí mismos para identificar su responsabilidad. Siempre es culpa de otra persona.

Siempre critican

Como solo se concentran en lo negativo, siempre lo criticarán a usted, a sus amigos, a otras personas o a cualquier cosa que vean. Sus constantes críticas, al igual que sus quejas, crean un aire de negatividad que puede afectar su estado de ánimo y hacerlo sentir fatal cada vez que está cerca de ellos.

Dicho esto, tampoco reciben muy bien las críticas. Incluso si son constructivas o si usted solo quiere señalar cómo sus acciones lo hieren. Se sentirán atacados, ofendidos y se enfadarán mucho por ello.

Lo hundirán

Como se ha mencionado anteriormente, las personas negativas son incapaces de alegrarse por usted o por cualquier otra persona. Si comparte con ellos una noticia emocionante, encontrarán la manera de hundirlo. Por ejemplo, si usted ha sido ascendido y comparte la noticia con ellos, en lugar de alegrarse por usted, pueden decir algo como: «Esto debería haber ocurrido hace años» o «Está claro que ahora ascienden a cualquiera». Son personas miserables que quieren que todos se sientan como ellos. Llevan la expresión popular «la miseria ama la compañía» a un nivel superior.

Considere sus sentimientos

Una de las formas más seguras de identificar las energías tóxicas es identificar sus sentimientos hacia esa persona. ¿Se siente ansioso cada vez que sabe que se va a encontrar con ella? ¿Su nombre aparece en la pantalla de su teléfono y arruina su estado de ánimo? ¿Le da miedo tener una conversación con ella? Siga su instinto. Incluso si esta persona no presenta ninguno de los rasgos que hemos mencionado anteriormente, debe seguir su instinto. Usted es un empático, así que lo más probable es que esté en lo cierto si percibe malas vibraciones.

Estas personas solo se concentran en lo negativo. No son capaces de ver lo positivo en nada ni en nadie. Son individuos infelices que no paran de difundir la negatividad a donde van. Eche un vistazo a las personas de su vida. ¿Hay alguien que, después de pasar tiempo con él, lo deja agotado? ¿Tiene algún amigo que lo haga sentir menos feliz o entusiasmado con la vida después de una conversación? Aunque otras personas no se sientan igual que usted, las energías tóxicas lo afectan fácilmente. Por esta razón, por su bienestar físico y mental, debería aprender a protegerse de estas energías.

¿Cómo puede protegerse de las energías tóxicas?

No es una exageración decir que debe sobreproteger su energía. Las energías tóxicas tienen un gran impacto en los empáticos y las HSP. Proteger su energía preparará el camino para la construcción de una defensa psíquica resistente. Cuando está siempre rodeado de negatividad, su psique y su salud mental son vulnerables. Además, estar rodeado de personas tóxicas lo dejará expuesto a ellas. Drenarán su energía y harán que lo consuma la negatividad.

Una vez que reconozca la fuente de negatividad en su vida, debe establecer límites con estas personas para protegerse de su toxicidad. Esto le devolverá su poder, ya que no les dará la oportunidad de «chupar su energía» nunca más. Aprender a proteger su energía es vital para su bienestar físico y mental.

Establecer límites

Uno de los mejores consejos que podemos dar a una HSP es establecer límites. Las personas negativas disfrutan organizando reuniones de compasión para sí mismas, pero no siempre hay que aceptar estas invitaciones. Como se ha mencionado, les encanta quejarse y difundir la negatividad. Sin embargo, usted no tiene que formar parte de su drama. Distánciese de estas personas. Establecer límites no siempre es fácil, pero es vital, y lo explicaremos en detalle en los próximos capítulos.

No reaccione a su negatividad

Los vampiros energéticos siempre quieren obtener una reacción de usted. Es muy fácil reaccionar a la negatividad. Por ejemplo, si alguien le grita, usted reaccionará de la misma manera, enfadándose y levantando la voz. Está en la naturaleza humana reaccionar a las situaciones negativas sin pensar. Es un impulso para protegernos a nosotros mismos y a nuestro ego. Cuando se relaciona con una persona negativa, lo mejor es responder en lugar de reaccionar.

En pocas palabras, sea la persona más madura de la situación. Si le gritan, lo insultan o lo critican, tómese un momento para responder con calma o simplemente váyase. Esto evitará que se rebaje a su nivel y que agoten su energía. También le ayudará a mantener el control de sus emociones y de la situación.

Entienda que no puede cambiarlos

No puede cambiar a las personas. Este es un hecho que debe comprender para ahorrar y proteger su propia energía. No se quede esperando que algún día cambien; no lo harán. Como resultado de su naturaleza sensible, puede encontrar difícil alejarse de alguien, especialmente si es un amigo o un familiar. En este caso, intente hablar con él para que entienda cómo lo afectan sus acciones. Si después de hablar siguen actuando de la misma manera, tiene que alejarse. Esperar a que cambien no le hará bien a ninguno de los dos.

Necesita su propia energía para cuidar de usted mismo, de su trabajo, de su vida y de las personas que le importan. Si deja que alguien lo drene porque espera que cambie algún día, usted se verá afectado en todas las demás áreas de su vida. Evite discutir o contradecir, esperando que vea las cosas desde su perspectiva, porque no lo hará. Esto solo lo hará más obstinado, y usted se sentirá como si estuviera hablando con una pared, lo que puede ser muy frustrante.

Si tiene que interactuar con vampiros energéticos, no use su energía. Si se quejan, déjelos. No les diga que las cosas no están tan mal o que deberían concentrarse en lo positivo. No les dé su opinión o consejo. Solo mantenga la conversación fluida dando respuestas cortas como «¿De verdad?» «Qué mal» «¿Cómo ha pasado eso?». De esta manera, conserva su energía y permite que su amigo negativo se desahogue.

Hable de temas más ligeros

Los vampiros energéticos anhelan el drama. Para proteger su propia energía, no le permita empezar a quejarse o criticar. Si empiezan a hablar de lo horrible que es su trabajo o su vida, intente cambiar de tema. Pregúnteles si han visto la nueva temporada de su programa de televisión favorito o si han escuchado el nuevo álbum de su cantante preferido. Incluso puede hablar de memes o contarles una historia divertida. No pierda su actitud positiva y trate de mantenerse optimista.

Si siguen recurriendo a la misma toxicidad, puede que no haya más remedio que poner límites o incluso alejarse de ellos.

Evite el contacto visual

Si trabaja con un vampiro energético o se encuentra con él en situaciones de grupo, debe evitar el contacto visual. El contacto visual es una invitación a iniciar una conversación, que es lo último que usted quiere hacer con individuos negativos.

No se lo tome como algo personal

Como ya hemos dicho, a las personas negativas les encanta criticar, menospreciar a los demás y culparlos de sus desgracias. No se tome nada de lo que le digan como personal. Tanto si lo critican como si menosprecian sus logros, entienda que esto no tiene nada que ver con usted. Se trata de ellos y de sus insuficiencias. Cuando no se toma nada de lo que dicen como algo personal, les quita su poder. Tiene que entender que nada de lo que dicen o hacen tiene que ver con usted.

Entienda que esa no es su energía

Si está constantemente rodeado de energía tóxica, puede pensar que esa es su vibración o que hay algo malo en usted. Esto es un gran problema para las HSP y los empáticos, ya que absorben las emociones de otras personas, por lo que a veces les resulta difícil distinguir sus sentimientos de los de otros. Por esta razón, debe separarse de las energías negativas y entender que no son suyas. hacer esa distinción lo protegerá de que la negatividad de otras personas lo consuma. Esto se hace practicando el autocuidado, del que se hablará en detalle en los próximos capítulos.

Construir relaciones fuertes

Ahora que entiende qué es la energía tóxica, cómo puedes identificarla y protegerse de ella, debe concentrarse en construir relaciones con personas positivas y sanas. Para preservar su energía y proteger su bienestar, debe tomar decisiones conscientes sobre con quién pasa su tiempo. Ya sea con la familia, los amigos, los compañeros de trabajo o las parejas sentimentales, sea exigente con las personas a las que dedica su tiempo. Según varios estudios, cuanto más tiempo pasamos con alguien, más nos parecemos a él. Según el conferencista motivacional Jim Rohn «Somos la media de las cinco personas con las que pasamos más tiempo». Así pues, fíjese bien en sus allegados. ¿Son el tipo de personas a las que quiere parecerse? Quiere estar rodeado de personas que le ayuden a construir, que celebren sus éxitos, que lo apoyen y lo hagan sentir mejor después de pasar tiempo con ellos.

«Dime con quién andas y te diré quién eres» es un famoso dicho bastante acertado. Las personas se contagian unas a otras y, como HSP, siempre debe rodearse de personas mental y emocionalmente sanas para absorber energías positivas. Muchas personas no se dan cuenta del impacto que tienen las relaciones en su salud mental, su psique y su bienestar general. Por lo tanto, concéntrese en la calidad más que en la cantidad. Elija personas que lo inciten a mejorar como persona y su vida. Según un estudio de 2013, las personas que carecen de autocontrol suelen entablar amistad con otras más disciplinadas, que les motivan a aumentar su fuerza de voluntad y establecer hábitos saludables. Así que busque personas que lo motiven a seguir adelante y a alcanzar la mejor versión de usted mismo, en lugar de frenarlo.

Incluso si quiere a una determinada persona o si es de su familia, puede seguirla queriendo desde la distancia si es tóxica y perjudicial para su bienestar. Proteja su tiempo y su energía, y no los desperdicie con personas negativas. No se precipite en amistades o relaciones. Sienta primero su energía y evalúe cómo se siente después de pasar tiempo con ellos. ¿Se siente agotado, o animado? Concéntrese en lo que dicen, cómo actúan, cómo hablan de otras personas, cómo lo tratan, cómo tratan a los animales y cómo lo escuchan. En pocas palabras, preste atención a cada pequeño detalle.

Tómese su tiempo para conocer a alguien antes de decidir si vale la pena invertir su tiempo en una relación o no. Conocer los rasgos de los vampiros energéticos e identificar las energías tóxicas le facilitará la decisión de a quién dejar entrar en su vida y de quién alejarse. Es necesario que construya y mantenga relaciones sanas y sólidas con personas buenas en las que pueda confiar y que saquen lo mejor de usted. Así como estar rodeado de gente negativa puede agotarlo, las relaciones sanas pueden ser muy beneficiosas.

Cómo afectan las relaciones sanas a su bienestar

Necesitamos tener personas con las que conectar en nuestras vidas. Es la naturaleza humana. De hecho, muchos estudios científicos han demostrado que las relaciones sociales pueden mejorar su salud y hacer que viva más tiempo, ya que lo protegen de enfermedades cardiovasculares, hipertensión arterial y pueden acelerar la recuperación del cáncer. Además, otros estudios han demostrado que estar rodeado de personas que lo quieren, lo apoyan y se preocupan por usted tiene un gran impacto en su salud física y mental. Las relaciones saludables también reducen el estrés y le ayudan a encontrar un propósito.

Mejoran su estilo de vida

Cuando está rodeado de gente feliz con un estilo de vida saludable, adquiere hábitos saludables. Las personas que trabajan para ser mejores y mejorar su vida lo influenciarán para que haga lo mismo. Los amigos o compañeros que hacen ejercicio y comen de forma saludable lo empujarán a trabajar en usted mismo y a tomar decisiones para mejorar su estilo de vida.

Reducen el estrés

Tener personas en su vida que lo quieran, lo apoyen y le aporten positividad, reducirá su estrés. Saber que alguien lo respalda lo hará sentir seguro, menos solo, y cambiará toda su perspectiva de la vida.

Aceleran la curación

Según las investigaciones, los pacientes de cirugía cardíaca que tienen parejas que les apoyan se sienten menos ansiosos ante la cirugía y toleran mejor el dolor postoperatorio. Tener relaciones de apoyo en su vida lo motivará a vencer el dolor y las enfermedades porque sabe que no está solo y tiene personas en su vida que ansían que se recupere pronto.

Le ayudan a crecer

A diferencia de los vampiros energéticos que le arruinan la fiesta, las relaciones sanas le animan a perseguir sus sueños. Celebran todos sus éxitos, por pequeños que sean, motivándolo para seguir adelante. Creen en usted, lo que, a su vez, aumenta su confianza y hace que también usted crea en sí mismo. Se arriesgará y crecerá, ya sea en su carrera, en sus estudios o en la vida en general, porque tiene una red de apoyo fuerte que lo sostiene.

Incluso si fracasa, sabe que estarán a su lado para ayudarlo a levantarse y seguir adelante.

Haga de sus relaciones saludables una prioridad, por el bien de su salud mental, física y emocional. Mantenga estas relaciones y fortalézcalas. Como empático, le resultará fácil, ya que usted más que nadie comprende las emociones de los demás y los hace sentirse vistos y escuchados sin juzgarlos. También será comprensivo con sus necesidades. Una vez que encuentre un buen amigo y compañero, trabaje para mejorar ese vínculo y proteger su relación. Los buenos amigos son difíciles de encontrar.

Afirmaciones para relaciones sanas y cariñosas

Para construir y mantener relaciones sanas y afectuosas, debe recordarse a sí mismo la importancia de fortalecerlas a diario. Encontrar las palabras adecuadas lo inspirará a quererse más a usted y a quienes lo rodean.

- Cada día quiero más a mis amigos, familia y pareja.
- Las personas de mi vida me ayudan para ser mejor.
- Confío en las personas de mi vida y puedo compartir todos mis secretos con ellas.
- Soy responsable de mi propia felicidad.
- Me merezco el amor.
- Estoy rodeado de amor.
- En mi vida solo hay espacio para las personas que me apoyan y quieren verme crecer.
- Merezco ser feliz.
- Estoy agradecido por todas las personas que hay en mi vida.
- Soy responsable de cómo me siento.
- Crearé límites saludables.
- Respetaré los límites de los demás.

- Elegiré siempre la amabilidad.
- La comunicación sana es la clave.
- Está bien no tener siempre la razón.

Lista de estrategias para identificar las energías tóxicas

Ahora que llegamos al final de este capítulo, queremos dejarle una lista de estrategias para ayudarle a identificar las energías tóxicas y cómo bloquearlas.

- Se siente emocionalmente agotado o exhausto después de pasar tiempo con ciertas personas.
- Se siente deprimido después de hablar con ellas.
- Siempre piensa en la manera de no encontrarse con ellas.
- Las evita o limita sus interacciones con ellas, aunque no entienda por qué.
- Le da miedo pasar tiempo con ellas, hablar por teléfono o tener breves interacciones con ellas.
- Siente que necesita tiempo para recargarse después de pasar tiempo con ellas, porque le agotan la energía.
- Siente que necesita hablar con un amigo después de un mal día con un vampiro energético.
- Su ego puede sacar lo mejor de usted, y empieza a rebajarse al nivel de ellas, ya sea mediante cumplidos o críticas negativas
- Desarrolla hábitos poco saludables para lidiar con la negatividad, como comer o beber en exceso.
- Se siente estresado e irritado y puede perder la compostura después de estar cerca de ellas durante un largo periodo de tiempo.
- En el fondo, sabe que no se siente cómodo a su lado y que su ambiente no es el adecuado.
- Para bloquear estas energías tóxicas, necesita:
- Establecer límites saludables.
- Mantener la distancia.
- No dejarse arrastrar por su drama.

- Elegir la positividad.
- Practicar el autocuidado.
- Ponerse en primer lugar y aprender a decir «No».

Los empáticos y las HSP deben estar siempre atentos a la energía tóxica, ya que puede arruinar su bienestar. Preste atención a todos los rasgos negativos que hemos mencionado y haga lo posible por limitar sus interacciones con estas personas. Si se siente incómodo cerca de alguien, recuerde que es un empático y que puede no saber por qué capta las vibraciones tóxicas. Confíe en su instinto cuando algo no le parezca bien y aléjese o establezca límites.

Capítulo 5: ¿Qué son los vampiros psíquicos?

Los vampiros psíquicos son individuos que drenan la energía de los demás. Se les llama «vampiros» porque absorben la fuerza vital áurica de las personas o agotan sus emociones sin corresponder al mismo nivel de atención y empatía. Todo el mundo ha drenado involuntariamente la energía de otras personas en algún momento de su vida. La diferencia aquí es que, aunque los vampiros energéticos no son necesariamente conscientes de que dañan a quienes les rodean, lo hacen constantemente.

Las interacciones con los vampiros psíquicos nunca son saludables. Siempre reciben mucha más energía de la que entregan, en cualquier intercambio social. Si leyó el capítulo anterior puede saber lo tóxicos que son estos individuos. Pasar unos minutos con ellos puede dejarlo emocionalmente drenado y agotado.

En este capítulo encontrará los signos reveladores de que una persona es un vampiro energético. Descubrirá cómo operan y atacan. El capítulo también cubre los diferentes tipos de vampiros energéticos y proporciona algunos consejos sobre cómo tratar con cada uno de ellos para proteger su psique.

Las personas altamente sensibles y los vampiros psíquicos

Como HSP, debe comprender por qué corre un riesgo especial de ser herido por un vampiro energético. Además de que su alta sensibilidad lo hace más vulnerable, es más probable que los vampiros psíquicos se dirijan a usted entre un grupo de personas.

Como son «vampiros», necesitan constantemente alguien de quien alimentarse, y no hay mejor objetivo que una persona de buen corazón y compasiva. Ser sensible a las emociones y a los sentimientos de los demás tiene algunas ventajas. Sin embargo, también lo hace más propenso a complacer a los demás y a hacer cualquier cosa para que estén bien, sacrificando muchas veces su propio bienestar. Su gran sensibilidad le permite percibir cuando alguien está necesitado y, por desgracia, los vampiros energéticos son muy buenos interpretando ese papel. Es alguien que escucha y está dispuesto a ofrecer ayuda sin esperar nada a cambio, y eso es exactamente lo que necesitan.

Es la presa perfecta, ya que ofrece su energía sin esperar correspondencia, y ellos no están dispuestos a ofrecer energía de vuelta.

Cómo detectar a un vampiro energético

El primer paso, y el más importante, para enfrentarse a los vampiros energéticos es aprender a identificarlos. No querrá arriesgarse a tomarle cariño a una persona o a invertir una gran cantidad de tiempo, energía y cuidado en una relación antes de darse cuenta de su naturaleza tóxica.

Hay varios tipos de vampiros energéticos a los que hay que prestar atención, algo que trataremos con más profundidad a lo largo de este capítulo. Sin embargo, creemos que antes es útil tener una idea general de sus características y de cómo operan.

Señales reveladoras de que alguien es un vampiro energético

- Los vampiros psíquicos tienden a ser individuos muy negativos. Siempre anticipan lo peor y encuentran los aspectos negativos de cada situación (incluso de las situaciones positivas).
- Son excesivamente críticos. Les encanta criticar a los demás y burlarse de ellos. Esto se debe a su propia falta de autoestima.
- Los vampiros energéticos rara vez asumen la responsabilidad de sus actos. Nunca se hacen responsables de nada.
- Nunca dejan de quejarse. Siempre encuentran algo por lo que enfadarse, ya sea una situación determinada o las acciones y comportamientos de otra persona.

- Siempre se hacen las víctimas y actúan como mártires. Hacen que parezca que todo el mundo los odia.
- Siempre están enredados en dramas: en el trabajo, con los amigos, etc.
- Intentan machacar a los demás para demostrar que son mejores. Los superan y hacen todo lo posible para demostrar que son los más exitosos.
- Necesitan ser el centro de atención. Los vampiros psíquicos hacen que todo gire en torno a ellos y les gusta ser el centro de atención de las salidas, eventos, reuniones, fiestas, etc.
- Son manipuladores. Saben cómo intimidar a los demás y hacerlos sentir culpables para conseguir lo que quieren.

Cuando trata con un vampiro energético, es probable que lo interrumpa cada vez que tenga la oportunidad. Hablan en cualquier conversación y nunca se toman el tiempo de escuchar a los demás. Suelen ser los que difunden chismes en el trabajo o entre los amigos. Cuando termina de interactuar con ellos, se siente desmotivado, decaído, «apagado» y sin energía.

Características de un vampiro energético

Si llega a conocer a un vampiro energético a nivel personal, probablemente notará que posee estos rasgos de personalidad:

- Suelen sentirse abandonados y rechazados. Quizá por eso siempre se hacen las víctimas.
- Necesitan la validación y la reafirmación constante, lo que es un signo de baja autoestima. Pueden sentirse mejor criticando a los demás, superándolos y siendo el centro de atención.
- Nunca están satisfechos. Los vampiros psíquicos luchan contra la falta de plenitud, y por eso se quejan tanto.
- Necesitan ser alimentados. El comportamiento de un vampiro psíquico suele ser el resultado de problemas psicológicos y de una infancia inestable. Es posible que no hayan recibido los cuidados adecuados, por lo que se alimentan de personas muy sensibles y cariñosas.
- Suelen estar cansados y sin energía. Su negatividad les hace vibrar en un nivel bajo.

Cómo operan

Cuando un vampiro psíquico ataca a su objetivo, experimenta un aumento de los niveles de energía. Mientras tanto, su víctima se siente agotada y cansada. Muchas de las personas que se nutren de la energía de otro individuo lo hacen sin querer. El ataque suele producirse cuando el vampiro energético experimenta una falta de energía y busca recargarse.

La mayoría de los vampiros psíquicos tienen problemas mentales, físicos o emocionales con los que lidiar. Sufren por sentirse equivocados o insuficientes, por lo que recurren a otras personas para reponer su fuerza vital. Es importante señalar que estos individuos no son necesariamente malas personas. Aunque sean tóxicos para quienes les rodean, no son conscientes de sus acciones ni de cómo afectan a los demás. A pesar de esto, usted tiene que proteger su energía. No es responsable de ayudarles a «arreglar» su condición, especialmente porque nadie puede ser ayudado si no quiere ayudarse a sí mismo. Además, el objetivo de este libro es ayudarlo a usted, como HSP, a priorizar sus necesidades y a eliminar las energías tóxicas de su vida.

Entonces, ¿cómo reconocer un ataque psíquico?

Lo primero y más importante es que su aura se sentirá perturbada y disminuida. Además de experimentar una pérdida de energía y una fatiga persistente, también puede experimentar trastornos del sueño y confusión mental. Los ataques psíquicos suelen estar acompañados de dolencias y enfermedades físicas, como dolores de cabeza, tensión muscular y mareos. Al interactuar con un vampiro psíquico, es probable que se sienta irritable y experimente un bajón en su estado de ánimo.

Cómo lidiar con los vampiros energéticos

No siempre se puede cortar el contacto con un vampiro energético, especialmente cuando es un compañero de trabajo, su jefe o cualquier otra persona que tiene que ver con frecuencia. Sin embargo, hay algunas cosas que puede hacer para protegerse y decidir hacia dónde dirige su tiempo y energía.

Tomar conciencia de las personas que absorben su fuerza vital le permite ser consciente de sus interacciones con ellas. Puede llevar piedras protectoras y utilizar el poder de la visualización para imaginar un escudo o una burbuja áurica que proteja su energía siempre que esté cerca de ellos. Las técnicas y herramientas de autocuidado y protección que ayudan a mantener y aprovechar la energía se ampliaran en los siguientes capítulos.

Estos son algunos consejos que puede seguir cuando interactúe con un vampiro energético:

- **Respire profundamente y no se preocupe.** No deje que sus palabras le afecten y ocupen su espacio mental. Como HSP, es fácil tomarse las cosas a pecho. Sin embargo, debe recordar que nada de lo que hacen es personal.
- Ser altamente sensible también implica la tendencia de excusar las acciones de otras personas. Debe recordar que **sus comportamientos y palabras no son aceptables.** Excusarlos habilita sus acciones y las permite.
- Como mencionamos en el capítulo anterior, cambie de tema cuando hablen de temas profundos. Siempre es mejor que las conversaciones sean superficiales. Cuando digan algo que no le gusta, intente no reaccionar.
- Recuerde la naturaleza de su relación. ¿Son amigos? ¿Compañeros de trabajo? ¿Con qué facilidad puede alejarse?
- Tómese un momento para poner las cosas en perspectiva. Es fácil que sus palabras lo afecten. Pero antes de permitirlo, ¿sus palabras y acciones son un reflejo de él, o de usted?
- **Conozca su propio valor y su importancia.** ¿Por qué va a permitir que un vampiro energético le absorba la vida cuando puede salir con personas que aprecian su naturaleza bondadosa y compasiva?

Cómo entender a los vampiros energéticos

Los vampiros energéticos están en todas partes. Pueden arruinar nuestras vidas y hacernos daño si no tenemos cuidado con ellos. Pero, ¿a qué se debe esto? La respuesta suele ser el trauma. Las personas que hacen daño a los demás, intencionadamente o no, suelen criarse en entornos inestables. Hay otras razones psicológicas por las que alguien puede agotar la energía de quienes le rodean. Sin embargo, esta es la más común.

El grado de inestabilidad o «vampirismo» que muestran en su edad adulta depende en gran medida de la calidad de su infancia. Cuanto mayor sea el nivel de trauma que hayan experimentado, más intensamente expresarán estos comportamientos. La mayoría de los vampiros psíquicos son así porque tuvieron padres que se comportaron de la misma manera.

Como es probable que hayan estado expuestos al vampirismo emocional mucho antes de desarrollar su mente consciente, es muy posible que no se den cuenta de su trauma. Aunque el individuo no lo capte, su mente subconsciente sí lo hace. Por eso infligen lo que han aprendido o experimentado a quienes les rodean. Este ciclo solo se rompe cuando su mente consciente se hace cargo de lo que está sucediendo.

Otra razón común por la que los vampiros energéticos se comportan así es que ellos mismos están agotados. Todos estamos a menudo agotados, y siempre hay momentos en los que nos sentimos desequilibrados. Para algunas personas, consumir la energía de otros es una respuesta natural. Este repentino aumento de la fuerza vital puede incluso convertirse en una adicción.

Tipos de vampiros energéticos

Los vampiros energéticos pueden dividirse en diferentes tipos. Estamos aquí para ayudarle a entender la diferencia entre los tres tipos más comunes de vampiros energéticos y enseñarle a lidiar con cada uno de ellos.

El vampiro melodramático

Este tipo de vampiro energético carece de toda comprensión de los límites personales. No sabe distinguir lo que puede compartirse con los demás y no es consciente de los límites de sus relaciones. Por ejemplo, puede compartir información muy personal con sus compañeros de trabajo. Los vampiros melodramáticos suelen hacer perder mucho tiempo a los demás. Son muy habladores y a menudo creen que sus relaciones son mucho más fuertes de lo que en realidad son. Suelen ser muy cautelosos y sentir ansiedad frente al rechazo. Por esto no pueden desprenderse de algunas personas o superar relaciones cuando lo necesitan. Se hace difícil para cualquiera alejarse pacíficamente.

Entonces, ¿qué se puede hacer? La comunicación clara y directa es la clave para tratar con estas personas. Tiene que ir al grano, pero ser amable cuando trate con ellos. Cuando toquen ciertos temas con los que no se sienta cómodo, asegúrese de hacérselo saber. También puede utilizar su lenguaje corporal para comunicarse. Por ejemplo, puede levantarse y alejarse para señalar el final de una conversación.

El vampiro egoísta

Al igual que el vampiro melodramático, el vampiro egoísta ocupa gran parte del tiempo de los demás. Sin embargo, lo hace porque cree que tiene derecho a ello. Piensa que lo que tiene por decir es más importante que las ideas de los demás. Estos individuos suelen presumir de sus éxitos y logros. También tienden a «superar» a los demás, a ridiculizarlos y a restarle importancia a sus logros. Los vampiros energéticos egoístas siempre intentan demostrar que son mejores que los demás. Cuando intenta oponerse a ellos o enfrentarlos, afirmarán que es muy sensible y dramático.

Para tratar con ellos, tiene que entender que este comportamiento refleja una carencia en la satisfacción de sus necesidades. Estos individuos suelen tener dificultades para reconocer su verdadero valor. Aunque no es una táctica ideal, es la única forma en que pueden sentirse importantes. Comprender esto le permite establecer los límites adecuados con ellos. No les importa tanto una relación como la validación que pueden recibir de ella. El truco está en encontrar un punto medio. Mientras usted se hace respetar, entregue algo que satisfaga su necesidad de validación. Por ejemplo, si está tratando con una de estas personas en el trabajo, puede decir algo como: «Creo que esta es una gran solución. Sin embargo, teniendo en cuenta nuestros recursos actuales, creo que sería inteligente explorar una opción diferente».

El vampiro dependiente

Los vampiros psíquicos dependientes tienen la necesidad constante de sentirse seguros y asistidos. Siempre se remiten a los demás para que les guíen en la forma de hacer las cosas. Pueden parecer complacientes, porque nunca quieren decepcionar a los demás. También les preocupa que cualquier acción no aprobada obstaculice su relación o el *statu quo* general. Ceder a su necesidad de instrucción y ayuda les hace cada vez más indefensos. Puede resultar muy difícil relacionarse con este tipo de personas, sobre todo porque su comportamiento es bienintencionado. Al fin y al cabo, tienen miedo de decepcionar. Sin embargo, su nivel de demanda puede consumir mucho tiempo y drenar la energía.

Cuanto más les responda e intente ayudarles, peor será. En lugar de dejarlo tranquilo, acudirán a usted siempre que necesiten ayuda o tranquilidad. Necesitan que alguien les diga que lo están haciendo bien. Al interactuar con ellos, debe animarlos a encontrar sus propias soluciones a los problemas. Sea amable y deles una retroalimentación positiva, pero no intente arreglar las cosas por ellos. Su dependencia puede ser frustrante.

Intente mantener la calma, porque responder impulsivamente o mostrar agitación puede empeorar las cosas.

Cómo reevaluar sus relaciones

Las relaciones se construyen con base en interacciones e intercambios. Se intercambian palabras, acciones, sentimientos, pensamientos y energías. El trato con los demás puede ir en uno de los dos sentidos. Puede hacer que nos sintamos más felices o elevados, o empeorar nuestro estado de ánimo. Por eso hay que tener mucho cuidado con la forma en la que nos relacionamos. Mantener nuestra salud emocional, mental, física y espiritual debe ser la máxima prioridad. Tenemos que reevaluar nuestras relaciones y determinar qué personas merece la pena mantener en nuestras vidas.

Aquí hay algunas cosas que debe considerar para reevaluar sus relaciones:

- Piense en el inicio de su relación. ¿Era diferente de como es actualmente? Si es así, ¿las cosas están mejor o peor que antes?
- ¿Hasta qué punto puede confiar en esta persona? ¿Es este nivel de confianza apropiado para la naturaleza de su relación? Por ejemplo, cuando se trata de amigos y familiares, debería poder confiarles sus secretos, sus miedos, etc. Si está reevaluando su relación con un compañero de trabajo, determine si puede confiarle asuntos confidenciales, etc.
- ¿La relación le hace sentir valorado, respetado, querido y apoyado? Una vez más, tiene que tener en cuenta la naturaleza de la relación.
- ¿Su tiempo y esfuerzo son recíprocos o unilaterales?
- ¿Puede ser usted mismo cerca de esta persona, o le preocupa que lo critique y juzgue?

Si está seguro de que alguien está drenando su energía, tómese el tiempo necesario para pensar si su relación puede mejorar. Esto le ayudará a determinar si necesita alejarse de esta persona o establecer nuevos límites.

Los vampiros psíquicos están en todas partes. Es probable que se encuentre con al menos un vampiro energético en su vida. Ya sean amigos, jefes, familiares, clientes o compañeros de trabajo, debe encontrar una forma eficaz de gestionar su relación con ellos y de tratarlos. De lo contrario, se sentirá incómodo, ansioso y frustrado siempre que estén cerca. Los vampiros psíquicos pueden incluso disminuir su confianza y autoestima haciéndolo dudar de sus propias decisiones, acciones y capacidades. Aprender las señales reveladoras y comprender cómo operan puede ayudarlo a proteger su energía y a establecer los límites que necesita.

Capítulo 6: Autodefensa psíquica

Ahora que sabe cómo identificar las energías tóxicas, es hora de que aprenda a defenderse de ellas. Este capítulo trata de la autodefensa psíquica y de cómo las HSP pueden utilizarla para vivir una vida más feliz y saludable. La base de la autodefensa es la atención plena, que le permite desarrollar la intuición y lo capacita para activar un escudo energético de protección siempre que sea necesario. Aprenderá a reconocer las situaciones en las que su energía está en peligro de ser drenada o contaminada por los problemas de otra persona. Además, desarrollará un aprecio más profundo hacia usted mismo y hacia los demás sin necesidad de involucrarse en sus problemas.

¿Qué es la autodefensa psíquica?

En términos generales, la autodefensa se define como un acto de protección de uno mismo para que su psique no se vea afectada por la influencia de otra persona. La autodefensa puede ser física, pero en este caso, es la defensa de su salud mental. Para una HSP, practicar la autodefensa psíquica puede ser la diferencia entre vivir una vida plena o esconderse mientras su energía es drenada por otros. Como ha aprendido en el capítulo anterior, los vampiros psíquicos acechan en cada esquina. Esto hace que la aplicación regular de tácticas de autodefensa sea aún más importante. Esto no significa que tenga que percibir estas tácticas como un mal necesario. No debe vivir con el miedo de encontrarse con alguien que le quite la energía o buscarlo para luchar contra él. Solo tiene que aprender a desviar sus intentos cuando se lo encuentre. Así que, en esencia, la autodefensa psíquica es una práctica que le permite perfeccionar sus habilidades defensivas para recurrir a ellas cuando sea necesario.

La atención plena como autodefensa

Esencialmente, la autodefensa psíquica es un poderoso término para la atención plena, que es en lo que debería basarse la protección contra las energías tóxicas. La atención plena se enfoca en las experiencias exteriores con apertura, curiosidad y voluntad de ser lo que se es. Durante esta práctica, su mente se ve obligada a permanecer concentrada, en silencio, alerta y en el presente. Hay que reconocer cualquier juicio o interpretación que pueda producirse durante la sesión y luego desecharlo.

Puede utilizar la atención plena como una forma de autodefensa.
https://unsplash.com/photos/ie8WW5KUx3o

La razón principal por la que se recomienda es que es muy eficaz para evitar que otros corrompan su energía. Cuando está concentrado, mantiene en el primer plano de su mente solo los pensamientos sobre el presente. No se deja distraer por ideas u opiniones, que es lo comúnmente drena su energía.

Lograr la atención plena le permite mantener un alto nivel de energía y utilizarla sin arriesgarse a que se agote. Practicar la atención plena puede prepararlo para un encuentro con un vampiro psíquico, algo que ocurre más a menudo de lo que cree. Todos nos hemos encontrado alguna vez con situaciones en las que nuestra energía se agota antes de que nos demos cuenta.

Los beneficios de la atención plena para las HSP

Una de las dificultades más comunes de una HSP es pensar demasiado en sus acciones. Se preocupa constantemente de si lo que está haciendo está bien y requiere afirmaciones sobre la razón por la que lo está haciendo. Afortunadamente, practicar la atención plena no implica fijarse en todas las ventajas de la técnica, por muy gratificantes que sean. Ni siquiera tiene que concentrar su energía en aprender nuevas habilidades. Solo tiene que trabajar en lo que ya sabe y posee. Esta familiaridad hace que las HSP se sientan cómodas, lo cual es otra ventaja, ya que los cambios pueden resultarles abrumadores. Tanto si ha practicado la atención plena antes como si no, tiene la capacidad innata de vivir en el presente. Solo tiene que aprender a cultivarla y sacarle el máximo partido.

No necesita aprender algo nuevo, pero tampoco tiene que cambiar quién es. Aunque es posible que deba hacer algunos ajustes en su horario y estilo de vida al principio del viaje, no tendrá que convertirse en otra persona. Tampoco funcionaría, ya que a menudo es reacio a dejar de lado las cosas familiares. La atención plena cultiva quién es por dentro y le permite expresar sus deseos y necesidades durante una sesión.

Además de obtener una mayor comprensión, la práctica de la atención plena también permite reducir los niveles de ansiedad, mejorar el rendimiento y experimentar el mundo con nuevos ojos. Esto, a su vez, le aporta bondad, compasión y amor hacia usted mismo y hacia los demás. También puede enseñarle a ser más curioso y a perfeccionar sus habilidades para detectar la energía tóxica. Esto lo beneficia a usted, a sus seres queridos, a sus compañeros de trabajo y a sus vecinos. Además, dependiendo de lo activo que sea en su comunidad, afectará a muchas más personas.

Otro factor con el que puede tener problemas como HSP es el autocuidado. La atención plena transforma su mentalidad de «mis necesidades no importan tanto como las de los demás» en una mentalidad de «reconozco mis necesidades y debo trabajar para satisfacerlas». Y lo mejor de la atención plena es que es independiente de los sistemas de creencias. Es una forma de vivir que puede incorporarse a la agenda de cualquier persona, asegurándose de que satisface sus necesidades.

Como probablemente hace todo lo posible por evitar los conflictos, le alegrará saber que la atención plena reduce eficazmente todo el estrés que le provocan estas situaciones. Este enfoque innovador es muy necesario en este mundo complejo e incierto lleno de deseos y necesidades. Le soluciones eficaces incluso para los problemas que creía irremediables.

Vale la pena mencionar que existe una idea errónea según la cual la atención plena consiste únicamente en utilizar la energía mental para resolver los problemas. Esto a menudo hace que la gente fuerce sus pensamientos en una determinada dirección, preocupándose solo de si lo que está haciendo su cabeza es suficientemente bueno. En realidad, lo primero que necesita para llevar a cabo la práctica es su cuerpo. Sin sus pulmones, no podrá hacer respiraciones tranquilizadoras, un ejercicio introductorio a las técnicas de atención plena. La energía negativa afecta a su cuerpo tanto como a su mente y su espíritu, y a veces incluso más. Al fin y al cabo, su energía también es susceptible a la gravedad, lo que la hace caer desde su cabeza hacia el resto del cuerpo, llevando consigo toda la negatividad. Tomar conciencia de las sensaciones de su cuerpo es la segunda parte del autocuidado que debe trabajar.

Intuición y atención plena

La intuición es el conocimiento que obtiene sin hacer nada para invocarlo. La parte subconsciente de su mente lo genera a medida que examina las experiencias pasadas. A medida que su cerebro se aleja de las experiencias, anota lo que ha aprendido de ellas. Así, cuando no sabe cómo proceder en una situación similar, lo guía automáticamente en la nueva experiencia. Y, de nuevo, procesa y registra cómo han sucedido las cosas sin que usted sea consciente.

La intuición también se denomina corazonada, ya que proviene de lo más profundo de nuestro ser. Le muestra el mejor camino, aunque usted no lo vea así, y por eso a menudo lo ignora. Aquí es donde las prácticas de atención plena resultan útiles. Le animan a entrar en su subconsciente y a escuchar lo que le dice. La intuición es un enfoque único para considerar sus pensamientos, sentimientos y acciones.

No todo el mundo confía en su intuición con regularidad. Algunos pueden aceptar cualquier cosa que les diga su instinto como una verdad absoluta, mientras que otros prefieren la reflexión deliberada. Además, la mencionada capacidad de almacenar información sobre experiencias pasadas también varía entre las personas. El cerebro de algunos puede archivar información mucho más compleja que el de otros. Algunos simplemente tienen muy pocas vivencias de las que aprender, lo que genera que su cerebro no pueda comparar las nuevas experiencias con las anteriores.

Afortunadamente, una HSP no tiene ningún problema para procesar las cosas profundamente, porque su cerebro se concentra en cada pequeño detalle. Esta es una ventaja considerable que debe aprovechar absolutamente cuando aprenda autodefensa psíquica. Escuchar su voz interior tiene mucho más sentido, porque su subconsciente tiene una base de datos más extensa con la que trabajar. Sin embargo, ser sensible a los sentimientos de otras personas puede hacer que pierda el contacto con esta guía intuitiva. O bien no se da cuenta de que está ahí, o la ignora por completo, independientemente de cuántas experiencias similares haya tenido. Dejarse influenciar por la energía de otra persona (o que la propia sea absorbida) a menudo conduce a la confusión. Puede pensar que los demás saben más o que tiene que estar de acuerdo con ellos para mantener sus relaciones. De todos modos, esa voluntad es inútil porque, por mucho que lo intente, nunca podrá complacer a todo el mundo.

Como HSP, escuchar la propia intuición es increíblemente beneficioso, y no solo porque le diga lo que tiene que hacer. Escuchar esos mensajes es fundamental por muchas razones. La intuición, de hecho, actúa como un ancla emocional, permitiéndole ordenar sus sentimientos e impulsos e identificar lo que no es suyo. También puede ver que la solución que intenta aplicar a un problema que tomaba como suyo no funciona porque en realidad está asumiendo los problemas de alguien más. Y porque su mente está en constante parloteo, incluso si no se está ocupando de los problemas de otra persona. Una práctica de atención plena dirigida a despertar su intuición le aportará paz y felicidad.

Pero, ¿cómo pueden las HSP aprovechar la intuición? La respuesta es bastante sencilla. Está constantemente interactuando con su entorno, incluso con las personas con las que vive o trabaja. La mayoría de las veces, necesita cambiar la dirección en la que se desarrolla su relación. Y su voz interior le indica qué camino debe seguir. Como puede ver, cuando está plenamente desarrollada, la intuición es una herramienta eficaz. Pero para que esto ocurra, tendrá que practicar la atención plena a diario.

Hay varios puntos de contacto entre la atención plena y la intuición; aquí están algunos de los más importantes:

- **Estar presente:** Como ya hemos mencionado, el núcleo de todo ejercicio de atención plena es centrar la mente en el tiempo presente. Tanto si lo persiguen experiencias negativas del pasado como si teme a un acontecimiento futuro, su mente es bombardeada por un mar de pensamientos que lo distraen y que no puede controlar. Estos pensamientos y sentimientos provocan estrés, que a su vez conlleva al bloqueo de su intuición. Si se vuelve consciente y se conecta con el presente, protege su intuición.

- **Comprenderse a usted mismo:** Aprender a reconocer su intuición no es fácil. No se conoce lo suficientemente bien como para saber si podrá alejarse de un vampiro energético o no. La atención plena le permite explorar los rincones más profundos de usted mismo y desarrollar sentimientos positivos hacia ellos. A medida que conoce sus cualidades, empieza a apreciarlas y se potencia su amor propio, su amabilidad y mucho más. Entender dónde están sus valores permite a su instinto guiarlo hacia caminos alineados con esos valores.

- **Aprender a confiar en usted mismo:** Después de pasar tanto tiempo sometido a la energía de los demás, es difícil que confíe en usted mismo para no volver a caer bajo este hechizo. Lo bueno de desarrollar su intuición es que sabe que viene de una fuente de confianza. Aunque se basa en el uso de su intuición en lugar de su mente, su cerebro sabe que ya ha tomado esas decisiones antes (y que fueron correctas), por lo que puede volver a confiar en ellas.

Todos estos beneficios se pueden conseguir a lo largo del viaje de atención plena. Pero debe estar preparado para escuchar muy atentamente y reconocer esa voz interior. Esto puede llevar algún tiempo, así que no se desanime si no ocurre de inmediato. Al igual que con otras habilidades, el poder de la intuición puede perfeccionarse, y usted debería hacerlo. El conocimiento intrínseco que su mente archiva solo le ayuda hasta cierto punto. Su mente necesita retroalimentación para comparar una experiencia presente con otra anterior. Ser una HSP tiene ventajas en esa área, pero no garantiza que tenga éxito si no entrena su mente para responder correctamente a una crisis energética.

Utilizar un escudo energético

Otra razón para practicar la atención plena es que le enseña a utilizar un escudo energético. Aunque no invitar a una persona con energía tóxica a su espacio es una forma segura de protegerse, esto no siempre es una opción. Al fin y al cabo, no puede dejar de tener contacto con un familiar cercano que depende de usted o con el que tiene un estrecho vínculo emocional. Tampoco puede abandonar un lugar de trabajo sin tener otra opción preparada simplemente porque uno de sus compañeros es un vampiro energético. Por lo tanto, la mejor manera de defenderse de los vampiros psíquicos es ponerse en guardia y protegerse. Recuerde que se trata de personas que drenan la energía vital para cambiarla por la suya. Sin embargo, a menudo lo hacen sin siquiera ser conscientes de ello, por lo que enfrentarlos no es una solución viable. Su energía puede estar contaminada por la negatividad que arrastran debido a problemas mentales o físicos. Como HSP, usted es muy susceptible a estas energías, y puede adoptarlas sin siquiera darse cuenta. La incapacidad de la otra persona para lidiar con sus problemas se convierte en su problema, y ni siquiera entiende lo que está sucediendo. Tomar conciencia de esa energía tóxica es el primer paso para entender cómo protegerse.

La segunda solución es aprender a poner una barrera, para que los efectos del ataque sean menos dañinos. Practicar la atención le ayuda a desarrollar este escudo, canalizando su energía para visualizar la situación de otra manera. Hay muchas formas de levantar esta capa protectora entre usted y la fuente de energía tóxica. Visualizar su escudo como un campo de luz de colores a su alrededor es una de las más utilizadas. Se basa en la teoría de que los colores vibran en frecuencias diferentes, por lo que la frecuencia en la que usted vibra en un momento determinado está representada en los colores de su escudo energético. Aunque esto puede parecer una tarea sencilla, es bastante difícil si no se está familiarizado con las técnicas de atención plena. A diferencia de cualquier otro método de defensa que aproveche energía externa al cuerpo, este se basa en el uso de su propia fuerza de voluntad y en hacer lo que le parezca correcto. En pocas palabras, debe seguir su instinto, lo que nos lleva de nuevo al rol de la atención plena en el desarrollo de la intuición. Todos los factores están interconectados: la atención plena, las corazonadas y los escudos protectores. Aunque la práctica de la atención plena se considera un primer paso, desarrollarla le hará mejorar en los otros aspectos. Tener una intuición fuerte le ayudará a utilizar la protección de forma más eficaz.

Puede indicarle cómo y cuándo sacar un escudo y de qué tamaño debe ser. A veces, la energía contaminada de una persona afecta a los objetos que la rodean. Si usted, como HSP, pasa muchas horas rodeado de esos objetos, corre el riesgo de que su energía sea absorbida a través de ellos. En este caso, su escudo debe extenderse también a esos objetos para mantenerlo a salvo.

Recuerde que los escudos pueden perder sus poderes, especialmente si se encuentra en una situación estresante que sea nueva para usted. Esto puede hacer que su energía se agote, y que la protección desaparezca después de dos o tres horas. Sin embargo, en un entorno relajado, el escudo probablemente se mantendrá fuerte durante una jornada laboral promedio. Por esto, es una buena idea restablecerlo de vez en cuando, practicando de nuevo los ejercicios de atención plena. Esta es también una buena manera de mantenerse calmado en un entorno estresante, que, para una HSP, puede ser aún más difícil de soportar.

Reflexiones finales

La autodefensa psíquica consiste en protegerse de la energía tóxica que lo rodea. Utilice la atención plena, o un estado mental abierto en el que se concentre en canalizar sus pensamientos y su energía hacia lo que es importante para usted, en lugar de lo que necesita otra persona. La mejor manera de aplicarlo es contra los vampiros psíquicos, con los que se relaciona habitualmente y a los que no puede evitar. Aprender a tratar con estas personas es un reto especial para una HSP, ya que requiere mucha voluntad y disciplina. Asegúrese de practicar la atención plena con regularidad, dedicando el tiempo suficiente a desarrollar la protección que necesita. Aprender a escuchar su instinto cuando necesita levantar un escudo protector de energía también le enseñará la importancia de ser paciente y de trabajar por sus objetivos.

Capítulo 7: Autocuidado y establecimiento de límites

En los capítulos anteriores hemos hablado de las energías tóxicas y de los vampiros energéticos. Estas personas están a nuestro alrededor, ya sean familiares, amigos, compañeros de trabajo o incluso nuestras parejas. Como se ha mencionado, las HSP y los empáticos son más propensos a ser afectados por las energías tóxicas. Por esta razón, es necesario practicar el autocuidado y establecer límites para protegerse de la negatividad.

Por desgracia, muchas personas no practican el autocuidado. Dicen que no tienen tiempo para ello. Están ocupados con su carrera, estudiando o cuidando de sus hijos. Existe la idea errónea de que tomarse un tiempo para uno mismo es egoísta o un lujo que no todo el mundo puede permitirse. Hay que entender que el autocuidado no es algo extravagante como tomarse unos días libres y volar a París (aunque, si se lo puede permitir, hágalo). Se trata de hacer lo que lo hace feliz y lo relaja, aunque sea ver la nueva temporada de su serie favorita. En pocas palabras, haga lo que le gusta, lo que lo hace sonreír y sentirse bien. El autocuidado es diferente para cada persona, así que lo que funciona para algunos puede no funcionar para usted.

El autocuidado es una necesidad, no un capricho. Cuando se cuida, su salud física, mental y emocional mejora, y otros aspectos de su vida también florecen. Es vital para todos, especialmente para las HSP. Estar expuesto a energías tóxicas es agotador, por lo que debe tomarse un tiempo cada día para recargarse y darle relación a su cerebro. Pasar todo el día absorbiendo las energías de otros y lidiando con la negatividad es agotador. Puede afectar su salud, su rutina de sueño y provocar diversos problemas de salud mental, como ansiedad y depresión. Asignar un tiempo al día para el autocuidado hará maravillas en su salud mental. Las prácticas de autocuidado incluyen el ejercicio, la meditación, la alimentación saludable, el buen sueño y las relaciones fuertes y positivas. Se trata de tener hábitos saludables, un estilo de vida sano y rodearse de gente positiva.

Como empático, proteger su energía debería ser su prioridad número uno. Si no protege su energía, los vampiros seguirán «chupándola» hasta que no quede nada. Estará demasiado cansado para hacer cualquier cosa, y todos los aspectos de su vida sufrirán las consecuencias. Sin embargo, esto no tiene por qué ocurrir cada vez que esté cerca de personas negativas. Practicar el autocuidado lo protegerá del agotamiento. Empezará a sentirse con energía y concentrado; su estado de ánimo mejorará, podrá pensar con claridad y notará una mejora en todos los ámbitos de su vida.

Probablemente se imagine tomando un baño, meditando o practicando yoga cuando piensa en el autocuidado. Sin embargo, si tiene personas tóxicas a su alrededor, establecer límites también es autocuidado. Tener límites saludables le ayuda a proteger su energía. Actúan como escudos que mantienen fuera la negatividad y la toxicidad. Los límites evitan que se sienta agotado y abrumado. Para la mayoría de las personas es más fácil distinguir entre su energía y la de los demás. Sin embargo, esto puede ser muy difícil para los empáticos, ya que son esponjas que absorben las emociones de los demás. Los límites le permiten separar sus energías y emociones de las de los demás.

Los límites le dan poder contra los vampiros energéticos. Debido a su naturaleza sensible y empática, puede resultarle difícil establecerlos. Naturalmente, teme herir los sentimientos de los demás, por lo que es reacio a decir que no o a frenar sus avances. Sin embargo, no debe sentirse culpable por cuidar de usted mismo. Los vampiros energéticos son personas tóxicas y, como ya se ha dicho, usted no puede cambiarlas ni arreglarlas. Si no establece límites, estas personas seguirán tomando y absorbiendo de usted hasta que no quede nada.

Es probable que algún amigo o familiar le haya dicho que tiene que «poner límites». Sin embargo, como persona sensible que antepone las necesidades de los demás a las propias, puede sentir que los límites van en contra de su naturaleza sensible. Tiene que entender que esto no es egoísta, grosero o cruel, sino muy saludable, y la mayoría de la gente lo hace. Le da poder y control sobre su vida.

Entender los límites

Para entender la importancia de los límites, primero tiene que saber qué son. En términos sencillos, piense que es una línea imaginaria que traza entre usted y los demás, y que nadie puede cruzar. Básicamente, está estableciendo reglas sobre lo que está dispuesto a aceptar y lo que no. Esto le ayuda a mantener su energía y a sentirse cómodo en sus relaciones. Tener límites saludables lo protege de las personas negativas. Podrá decir «no» a cosas con las que no se sienta cómodo, como una cena familiar en la que estará su primo tóxico, que disfruta hundiendo a todo el mundo, o contestar al teléfono cuando llame su amigo negativo que no para de quejarse.

Según la Asociación Canadiense de Salud Mental, establecer límites saludables lo protege de las personas que se pasan de la raya con sus exigencias y del control que los individuos tóxicos tienen sobre usted. Varios estudios han demostrado que la falta de límites puede hacer que se sienta resentido, menos feliz y agotado. Además, otro estudio ha demostrado que establecer límites puede mejorar su bienestar y hacerlo sentir más fuerte. Los límites saludables aumentan su autoestima, le dan un sentido de respeto por usted mismo y hacen que los demás también lo respeten.

Debe establecer límites con su familia, sus amigos, su pareja y sus compañeros de trabajo. Los límites no consisten siempre en decir que no o en mantenerse distanciado de la gente; esto no es saludable. Los límites consisten en comunicar a las personas lo que va a tolerar y lo que no, y en rechazar la negatividad. Así, cuando un buen amigo le pide ayuda para mudarse y usted tiene tiempo, puede decir que sí, ya que es algo que está decidiendo en sus propios términos. Sin embargo, si alguien tóxico le pide que lo deje todo para llevarlo al aeropuerto, decir que no es la forma de poner límites. En pocas palabras, no aplique los mismos límites con todo el mundo. Tenga distintos límites y asegúrese de establecer unos muy claros con las personas negativas que lo rodean.

Poner límites es para usted y para su bienestar. No piense en cómo se sentirán o reaccionarán los demás cuando se elija a usted primero. No es egoísta, ya que es una forma de cuidado personal. ¿Se siente culpable cuando medita o hace ejercicio? Es igual. Está cuidando de usted mismo y protegiendo su energía de las personas que perjudican su salud mental y emocional.

Autocuidado y bienestar

La vida no siempre es fácil. Está llena de estrés y preocupaciones. Necesita ser fuerte mental, emocional y físicamente para afrontar lo que le depare. Nuestra energía es lo que nos permite manejar todo en la vida, lo positivo y lo negativo. El autocuidado puede tener un gran impacto en su bienestar porque reduce sus niveles de estrés, lo relaja y mejora su bienestar emocional. También aumenta su autoestima, mejora su estado de ánimo y enriquece sus relaciones. Esto, a su vez, tendrá un gran impacto en su salud física.

Por ejemplo, si se relaciona con una persona negativa en el trabajo, volverá a casa exhausto y agotado. No podrá hacer ninguna tarea ni tendrá energía para sentarse a compartir con su familia. Si deja que esta sensación lo domine sin hacer nada, las cosas empeorarán y, al final, no tendrá energía para levantarse de la cama. Por otro lado, las prácticas de autocuidado, como la meditación, le ayudarán a recargar su energía. Tomarse unos minutos al día para estar sentado en un lugar tranquilo y ser consciente del momento presente calmará su cerebro y le ayudará a recargarse. La meditación también le ayudará a reducir el estrés y le permitirá concentrarse en el aquí y el ahora, lo que hará que su energía vuelva a estar al 100 %.

Cómo incorporar el autocuidado a la rutina diaria

Ahora que comprende la importancia del autocuidado para proteger su energía y mejorar su bienestar, debe aprender a incorporarlo a su rutina diaria.

Elija la práctica de autocuidado adecuada para usted

Si decide hacer ejercicio todos los días y odia las actividades físicas, lo sentirá como un castigo en lugar de una forma de autocuidado. Así que anote todas las actividades que le gustan y lo relajan. Una vez que tenga una idea de lo que quiere hacer para desconectar, puede incorporarla a su rutina.

Despiértese temprano

La forma de empezar el día marcará la pauta para el resto de la jornada. Probablemente se despierte, se vista y vaya al trabajo, y si tiene hijos, atiende primero a sus necesidades. Le sugerimos que se levante treinta minutos antes cada día para practicar el autocuidado. Ya sea para meditar, escribir en su diario, hacer ejercicio o practicar yoga, necesita un poco de paz y tranquilidad para cuidarse sin distracciones. Así pues, haga que levantarse temprano se convierta en un hábito y tómese unos minutos cada mañana para recargarse y relajarse.

Establezca objetivos realistas

Establecer objetivos realistas evitará que se sienta desanimado y lo motivará a seguir adelante. Por ejemplo, si se plantea empezar a hacer ejercicio durante una hora todos los días y no puede hacerlo, se quemará, lo que arruinará el propósito del autocuidado. Empiece poco a poco y aumente el tiempo de forma gradual.

Tome descansos

No tiene que esperar a llegar a casa para practicar el autocuidado. En lugar de comer en la oficina, aproveche la pausa del almuerzo para dar un paseo. Esto mejorará su estado de ánimo y lo hará sentir renovado.

Compruébelo usted mismo

Fije un límite de un mes después de incorporar el autocuidado. ¿Funciona lo que está haciendo? ¿Se sientes mejor que cuando empezó, o igual? ¿Se siente con energía después de cada práctica? Si la respuesta es «sí», entonces lo que está haciendo funciona, así que siga adelante. Si la respuesta es «no», tendrá que hacer algunos cambios, como elegir otras prácticas.

Utilice la tecnología

Aunque la tecnología, como las redes sociales, puede jugar un papel importante en el drenaje de su energía, también tiene sus ventajas. Puede utilizar diferentes aplicaciones para crear una rutina de autocuidado, como una aplicación de entrenamiento con ejercicios sencillos para hacer en casa, una de meditación guiada o una para recordarle que debe beber agua. Sea cual sea la práctica de autocuidado que elija, lo más probable es que encuentre una aplicación para ella.

Cómo priorizar el autocuidado como una HSP

Al igual que establecer límites, el autocuidado para las HSP puede no ser tan fácil debido a su naturaleza. Las HSP se sienten fácilmente abrumadas no solo por las energías y las emociones, sino por cosas aparentemente simples como los olores o los sonidos. También están siempre preocupados, ya que sienten todo profundamente. A diferencia de la mayoría de las personas, tendrá que esforzarse más para calmar sus pensamientos, relajarse y restaurar su energía. Como hemos mencionado anteriormente, si no se cuida, su bienestar se verá afectado.

Por esta razón, debe dar prioridad al autocuidado. Piense en su energía como la batería de su teléfono. Si no la recarga cada día, ¿qué pasará? Su teléfono acabará muriendo. Tiene que tomar una decisión e incorporar el autocuidado a su rutina diaria. Decida que usted mismo es su prioridad y no deje que nada ni nadie (especialmente los vampiros energéticos) lo desanime.

Tal vez piense: ¿cómo puedo dar prioridad al autocuidado si no tengo suficiente tiempo? Lo crea o no, tiene tiempo. Simplemente no considera el autocuidado tan importante como llevar a sus hijos al entrenamiento de fútbol o terminar su trabajo antes de la fecha de entrega. Comprenda que usted no es solo el padre de alguien o el empleado de una oficina. Encuentre su propia identidad y averigüe quién es. ¿Quién es usted sin una familia a la que cuidar o un trabajo al que acudir? Una vez que se vea a sí mismo como un individuo que necesita cuidado, entenderá sus propias necesidades y empezará a trabajar en usted mismo. Comprenda que no existe para cumplir un papel en las historias de los demás; es el protagonista de la suya y debe ser tratado como tal.

Trátese con la misma amabilidad con la que trata a los demás. Sea comprensivo con sus propias necesidades. Lo más importante es que sepa que, al igual que en los límites, no hay nada egoísta en el autocuidado. De hecho, puede beneficiar a las personas de su alrededor, ya que le dará la energía necesaria para cuidar de ellas también. Así pues, encuentre tiempo para usted y dele prioridad en su vida.

No permita que los vampiros energéticos interfieran en su tiempo de descanso. Por ejemplo, su amigo tóxico puede querer que le ayude a mudarse, pero usted está agotado y necesita un descanso. Es posible que lo haga sentir culpable para que le ayude y, como HSP, puede que sea incapaz de decir «no» porque siente que sus necesidades son la prioridad. Cuando se preocupa por su bienestar y comprende lo vital que es tomarse un tiempo para usted, le será imposible renunciar a ese tiempo por nada ni por nadie. Sin embargo, ¿qué ocurre si su amigo tóxico sigue interfiriendo en su rutina de autocuidado? Pues bien, aquí es donde entra en juego el establecimiento de límites saludables.

Cómo establecer límites si es una HSP

Establecer límites es una de las formas más importantes de autocuidado porque le da poder y control sobre su tiempo y energía.

Identifique sus límites

No puede establecer límites sin identificar primero cuáles son. La razón principal por la que establece límites es para proteger su energía. Por lo tanto, debe averiguar primero qué lo agota y lo hace sentir incómodo para establecer los límites adecuados. También debe determinar qué tolerará y qué no tolerará.

Comience con algo pequeño

Si es la primera vez que establece límites, debería empezar por algo pequeño, para no agobiarse ni sentir culpa. Por ejemplo, si tiene un amigo tóxico que lo llama constantemente para quejarse, intente limitar sus interacciones con él. No tiene que decir que sí cada vez que le pidan verse. Además, no responda a sus llamadas cuando esté agotado u ocupado. Simplemente envíele un mensaje para hacerle saber que no tiene ganas de hablar y que lo llamará más tarde. Esto le ayudará a conseguir valor para establecer límites claros y decir «no» a cualquier cosa que le incomode.

Evite los «quizás»

A veces, a una HSP le cuesta decir «no», porque evita la confrontación y molestar a los demás. En lugar de eso, dicen «tal vez». Cuando se trata de límites, no existen los «quizás» ni las zonas grises. Debe ser claro sobre lo que quiere y lo que no quiere. Las personas tóxicas se aprovecharán de su reticencia y convertirán el «tal vez» en «sí». Elija lo que elija, asegúrese de que es lo que quiere.

Acepte su sensibilidad

Abrazar su sensibilidad le hará ser más consciente y aceptar sus puntos fuertes y débiles. De este modo, podrá establecer límites teniendo en cuenta esta información. Por ejemplo, si las películas de miedo le resultan perturbadoras, diga «no» cuando su amigo le proponga ver una. No luche contra su naturaleza solo para complacer a alguien. Lo mismo ocurre con los vampiros energéticos. Comprender que estas personas tienen un impacto negativo en usted debido a su sensibilidad lo motivará a establecer límites y a respetarlos.

Siga su instinto

Hemos mencionado en un capítulo anterior que a veces las energías tóxicas se sienten sin que la persona haga algo específico. Simplemente usted percibe una vibración que lo hace sentir incómodo. En este caso, no espere pruebas y siga su instinto. Cuando se encuentre con alguien que emite malas vibraciones, ponga límites inmediatamente.

El «no» es una frase completa

«No» significa «no». Establecer límites es ser capaz de decir «no» sin tener que dar explicaciones o sin que lo obliguen a cambiar de opinión. Como HSP, usted puede ser reacio a decir «no» para evitar la confrontación o herir los sentimientos de otras personas. Sin embargo, nunca debe hacer algo que no quiera, y no tenga miedo de defenderse. La mayoría de las personas entenderán y respetarán sus decisiones. No se enfadarán ni le darán importancia. Los tóxicos, en cambio, utilizarán la culpa y la ira cuando se niegue a sus exigencias, pero usted no debe ceder y debe aclarar que «no» es una frase completa.

Cortar con la gente

En casos graves, puede que tenga que cortar sus relaciones con los vampiros energéticos. Si no respetan sus límites y son peligrosos para su salud mental, debe priorizar su bienestar y decir adiós. Puede hablar con ellos primero, pero, como ya hemos dicho, no puede cambiar a las personas. Así que, en lugar de seguir en una relación o una amistad que lo agota, simplemente aléjese. Sin embargo, si esta persona es un familiar cercano o su jefe, debería limitar sus interacciones con ella tanto como pueda.

Actividades de autocuidado
Tomar un largo baño.
Ir de compras.
Beber su taza de café favorita por la mañana y disfrutar su sabor.
Practicar yoga.
Limitar su tiempo en las redes sociales.

Evitar los lugares agobiantes y las personas tóxicas.
Hacer algo divertido (como jugar videojuegos o bailar).
Comer su comida favorita.
Pasar tiempo con su mascota.
Practicar la gratitud.
Pintar.
Leer.
Viajar.
Pasar tiempo con personas positivas y optimistas.
Dormir bien por la noche.
Ser consciente de sus sentimientos a lo largo del día.
Desacelerar y aprender a vivir disfrutando el momento presente.
Establecer límites.
Programar tiempo cada día para practicar su actividad favorita.
Dedicar un tiempo para recargarse.

Límites saludables

- Diga «no» si no quiere hacer algo.
- Sea firme cuando se trata de sus límites.
- Proteja su espacio personal.
- Comunique sus límites.
- Entienda sus límites.
- Entienda que no puede arreglar a los demás.
- No acepte la culpa de situaciones que no son su culpa.
- Establezca límites desde el principio de sus relaciones.
- Limite su comunicación con las personas tóxicas.
- Establezca límites físicos (deje claro que no le gustan los abrazos o el contacto físico).
- Establezca límites sexuales (como pedir a su pareja que utilice un preservativo o expresar lo que le agrada y lo que no).
- Cree límites materiales (no debería decir que sí si se siente incómodo prestando dinero o su coche).
- Límites emocionales (comunique sus sentimientos y asegúrese de que se respetan, como enviar un mensaje de texto a un amigo cuando lo llame y explicarle que no tiene ganas de hablar ahora, pero que le llamará más tarde).
- Asegúrese de que se respetan sus pensamientos, ideas y opiniones, incluso si la otra persona no está de acuerdo con ellos.
- Proteja su tiempo (no tiene que decir que sí a todas las invitaciones o responder a todas las llamadas si no le apetece).
- Aléjese cuando no se respeten sus límites.

Recuerde que siempre debe ser firme, pero amable, al establecer los límites, y que puede distinguir entre los vampiros energéticos y sus amigos o familiares que simplemente llaman para decir «hola» o que necesitan un favor.

Capítulo 8: Caja de herramientas para proteger su energía

Este capítulo habla de las diferentes herramientas que puede utilizar para proteger su energía. Al igual que algunas actividades y técnicas pueden protegerlo de la negatividad, hay herramientas que cumplen la misma función. Aunque la energía no se puede ver, se sabe que ciertas herramientas purifican y limpian la energía negativa para que solo lo rodeen las vibraciones positivas. Algunas de estas herramientas son:

- Aceites esenciales que puede usar para masajes o como ingredientes en baños. Estos aceites son conocidos por ayudar a la relajación y mejorar su estado de ánimo.
- Cristales que puede colocar en su casa, llevar en el bolsillo o en el bolso, o colgar del cuello.
- Añadir sal al agua del baño.
- Quemar salvia seca.
- Hacer sonar campanas de mano por toda la casa.
- Alimentos como el limón, la canela y la cúrcuma pueden absorber la energía negativa.

Los aceites esenciales son excelentes para la relajación.
https://unsplash.com/photos/jbjmimlaC-U

Actividades para implementar en su rutina diaria

En el capítulo anterior, le dimos una idea de cómo incorporar el autocuidado en su rutina diaria. Ahora, hablaremos de algunas de las actividades que puede hacer cada día para protegerse de las energías negativas como HSP.

Meditación

La meditación es una práctica en la que se sienta en una posición cómoda en un lugar tranquilo, se queda quieto y se concentra en su respiración. El propósito de la meditación es mantenerse centrado y consciente del momento presente, y tiene un gran impacto en el bienestar mental y emocional.

La meditación también protege su energía y evita que la negatividad lo afecte. Debe incorporarla a su rutina diaria hasta que se convierta en un hábito, y la mejor manera de conseguirlo es asignándole un tiempo diario. Solo necesitará de diez a veinte minutos, así que acostúmbrese a despertar veinte minutos antes. Limítese a meditar por la mañana, ya que quizás es el único tiempo libre que tiene en todo el día. La mayoría de la gente está ocupada con el trabajo o los niños a lo largo del día. Es posible que por las tardes esté ocupado o demasiado agotado y solo quiera irse a la cama.

Si las mañanas no son una opción, programe cualquier momento del día. Solo asegúrese de cumplirlo. Si es la primera vez que practica la meditación, puede empezar poco a poco. Practique durante cinco minutos y aumente el tiempo a medida que se sienta cómodo. También puede utilizar aplicaciones que lo guíen en su meditación y le recuerden cada día que debe practicar.

Haga ejercicio

El ejercicio ayuda a proteger su energía.
Licencia Creative Commons Zero (CC0) https://www.pexels.com/photo/woman-with-white-sunvisor-running-40751

Otra actividad que le ayudará a proteger su energía es el ejercicio. Al igual que la meditación, empiece por algo pequeño, especialmente si no es una persona activa. Empiece con ejercicios sencillos como el yoga, el baile o salir a caminar. Debe elegir algo que disfrute para hacerlo todos los días. No se queme eligiendo ejercicios pesados o practicando durante largos periodos de tiempo. Puede empezar con quince o veinte minutos cada día e ir subiendo a partir de ahí. También le ayudará encontrar un amigo con el que hacer ejercicio para motivarse mutuamente. Intente escuchar música o hacer ejercicio en un entorno ameno para que la experiencia sea más agradable.

Añada el ejercicio a su rutina diaria programando tiempo para ello y manteniéndolo.

Dar largos paseos por la naturaleza

Estar cerca de la naturaleza es una forma segura de sentirse recargado y relajado. Debe pasar tiempo al aire libre todos los días. Sin embargo, ir al trabajo y quedarse atrapado en el tráfico no cuenta. Debe estar en la naturaleza para disfrutar de un poco de paz y tranquilidad. Levántese treinta minutos antes cada día y dé un paseo por cualquier espacio verde cercano, como un parque, un bosque o su jardín.

Si quiere practicar todas estas actividades, le sugerimos que haga ejercicio o salga a caminar antes de la meditación. Es mejor meditar después de las actividades físicas para obtener más beneficios.

Herramientas para proteger y nutrir su cuerpo

Cuando cuide su cuerpo físico, su salud mental y emocional prosperará. Las siguientes herramientas tendrán un gran impacto en su salud física:

Hidratación

Nadie puede negar la importancia de beber suficiente agua. El agua es beneficiosa para el cuerpo, los órganos y la piel. Según la Dra. Lindsay Baker, científica del Instituto de Ciencias del Deporte de Gatorade, puede estar hidratado cuando bebe otros líquidos como zumos, café o té y come frutas y verduras con mucha agua. Sin embargo, la mejor opción y la más sana es siempre el agua.

El agua le hará sentirse con energía, evitará las migrañas causadas por la deshidratación, mejorará la digestión, desintoxicará el cuerpo de sustancias nocivas, mejorará la salud del corazón y le ayudará a perder peso o controlarlo. Aumenta el metabolismo y reduce el hambre. También previene los cálculos renales, reduce el dolor de las articulaciones, previene los golpes de calor y ayuda a regular la temperatura del cuerpo. Según un estudio de 2015, beber suficiente agua cada día cumple un gran papel en la mejora de la salud de su piel. Otro estudio que tuvo lugar el mismo año demostró que la deshidratación puede causar estreñimiento en los ciudadanos de edad avanzada.

Un estudio realizado en 2011 demostró que no beber suficiente agua puede afectar a la concentración y al estado de ánimo. Por lo tanto, asegúrese de beber más de dos litros de agua al día si es mujer, y más de tres litros si es hombre. Puede beber más en épocas de calor, si es más activo o si padece alguna enfermedad que provoque deshidratación.

Alimentación saludable

Seguramente ya le han dicho que vigile lo que come. Muchos de nosotros llevamos una vida muy ajetreada, por lo que no tenemos tiempo para preparar comidas saludables y, en su lugar, consumimos comida chatarra y poco saludable. Sin embargo, la comida chatarra no tiene ninguno de los nutrientes que su cuerpo necesita. Puede cumplir un capricho de vez en cuando con su pizza o su perro caliente favorito, pero consuma comida saludable con regularidad. La comida saludable incluye alimentos como la fruta, la verdura, los lácteos, las proteínas y los cereales. Contienen todos los minerales, grasas saludables y vitaminas que su cuerpo necesita para tener energía, mejorar su inmunidad y prevenir el aumento de peso.

Según un estudio publicado en el American Journal of Epidemiology, comer cereales integrales a diario puede ayudarle a vivir más tiempo, ya que disminuye la tasa de mortalidad en un 10 %. Un estudio de 2015 demostró que consumir pescado, frutas y verduras puede mejorar su memoria. Además, comer alimentos saludables hace que sus uñas se fortalezcan y su piel brille.

Salvia

Salvia.
Mokkie, CC BY-SA 3.0 https://creativecommons.org/licenses/by-sa/3.0/, vía Wikimedia Commons: https://commons.wikimedia.org/wiki/File:Sage_(Salvia_officinalis).jpg

La salvia es una hierba de la familia de la menta. Sus hojas son de color verde grisáceo y ovaladas. Es muy popular por su sabor terroso y su fuerte aroma, y se usa en diversas recetas. Se puede comprar fresca o seca. Además de sus beneficios para proteger su energía, la salvia puede ser muy beneficiosa para su salud.

La salvia contiene vitamina K, que favorece la salud de los huesos. También contiene antioxidantes que mejoran la memoria, reducen el riesgo de cáncer y son un gran tratamiento para la diarrea. Según un estudio reciente, la salvia mejora las habilidades cognitivas. Otro estudio demostró que reduce los niveles de glucosa en la sangre, por lo que es muy beneficiosa para los diabéticos. Finalmente, otro estudio demostró que reduce los niveles de colesterol dañino en el cuerpo.

Curación de los chakras

Cuando sus siete chakras están equilibrados, benefician a su cuerpo. Cada chakra tiene su propio rol en la curación de la mente y el cuerpo. Por ejemplo, el chakra del tercer ojo mejora la visión, reduce los dolores de cabeza y las migrañas y alivia los problemas de sinusitis. El chakra de la garganta cura cualquier problema en esta zona del cuerpo, como el dolor de garganta, el dolor de cuello y los problemas bucales. También ayuda con las infecciones de oído y reduce el dolor de hombros. Equilibrar el chakra del corazón ayuda con los problemas cardíacos, los problemas de los senos, el asma, las alergias, las enfermedades inmunológicas y el dolor de la parte superior de la espalda. El chakra del plexo solar reduce la presión arterial, mejora la digestión y ayuda con la fatiga crónica. El chakra del ombligo ayuda con los problemas de fertilidad y reduce el dolor de la espalda baja.

Herramientas para proteger y nutrir su cuerpo mental/espiritual

Ahora que conoce las herramientas para proteger y nutrir su cuerpo físico, hablaremos de las herramientas que se concentran en su bienestar mental y espiritual.

Diario

¿Tiene una agenda o un diario? Si no es así, tendrá uno después de conocer los numerosos beneficios que trae. Todos experimentamos pensamientos y emociones negativas de vez en cuando. Mantenerlos reprimidos no es bueno para la mente ni para el espíritu. Llevar un diario le permite liberar esos pensamientos, reduciendo el estrés y la ansiedad y dándole claridad. Cuando pone por escrito lo que le molesta, tiene una mejor perspectiva para solucionar su problema. Además, escribir los pensamientos negativos lo separa de ellos y le permite verlos desde un punto de vista objetivo.

Una vez que elimina sus pensamientos negativos, libera espacio para que entre más positividad en su vida, mejorando su estado de ánimo y siendo más feliz. También le ayuda a entenderse mejor a usted mismo y a sus procesos. Llevar un diario sirve para reconectar y reencontrarse al conocer sus puntos fuertes y débiles. ¿Qué le asusta? ¿Qué le gusta? ¿Qué le disgusta? ¿Cuáles son sus sueños y esperanzas? Todas estas cosas se pueden conocer a través de un diario. ¿Está listo para ir a comprar uno nuevo?

Trabajo de respiración

Necesitaríamos un libro entero para hablar de los muchos beneficios del trabajo de la respiración. Sí, son muchos. La respiración ayuda a resolver problemas mentales como el estrés, la ansiedad y la depresión. También ayuda a controlar la ira y a afrontar el duelo. La respiración profunda puede aumentar su energía, calmar su cerebro y mantenerlo concentrado. Esto se debe a que ralentiza el ritmo cardíaco, lo que le ayuda a sentirse tranquilo y relajado.

Además, le hace ser más consciente del momento presente. Tomar conciencia de usted mismo y concentrarse únicamente en el aquí y el ahora. Ya no se obsesiona con el pasado ni se preocupa por el futuro. En pocas palabras, vive el momento sin preocupaciones, lo que mejora su estado de ánimo y lo hace feliz.

La respiración le permite conectar con usted mismo en un nivel más profundo, haciendo que se acepte y ame lo que es. Todos hemos vivido experiencias traumáticas en nuestro cuerpo, creando pensamientos y emociones negativas. Trabajar la respiración le permite liberar estos sentimientos a través de la exhalación y el poder de la visualización.

Salvia

Hemos hablado de los beneficios de la salvia como ingrediente alimentario, pero los beneficios de esta hierba no terminan ahí. Hay una práctica común llamada «quema de salvia», que comenzó con los nativos americanos y sigue siendo relevante hoy en día. La quema de salvia ayuda a mejorar la intuición, a resolver dilemas espirituales y conecta con el mundo espiritual. También puede liberar las energías tóxicas de su interior o de su casa. Si ha pasado por una experiencia traumática o se ha producido una pelea en su casa, considere la posibilidad de quemar salvia para limpiar las energías negativas.

Cuando se deshace de las energías negativas, se reducen su estrés y ansiedad, mejora su estado de ánimo y su bienestar general.

Limpieza

Para la mayoría de la gente la limpieza es una tarea para terminar lo antes posible. Sin embargo, puede tener un gran impacto en su salud mental. Una casa desordenada y sucia puede provocar estrés y ansiedad. Cuando limpia y ordena su casa, ordena su mente. Además, las sábanas limpias favorecen una mejor calidad del sueño, lo que a su vez puede mejorar el estado de ánimo. El acto de limpiar en sí mismo puede repercutir en su salud mental, ya que reduce los síntomas de depresión y ayuda a la concentración. Una vez que haya terminado de limpiar su casa y vea los resultados finales, su estado de ánimo mejorará notablemente.

Música

¿A quién no le gusta la música? Cuando queremos celebrar, ponemos música y bailamos; cuando estamos enamorados, bailamos canciones de amor lentas, y cuando estamos tristes, nos parece terapéutico llorar escuchando canciones tristes. La música desempeña un papel muy importante en nuestras vidas. La música lenta ayuda a calmar nuestros pensamientos y reduce nuestro estrés y ansiedad. La música alegre puede hacernos sentir alegres y optimistas y ayudar a elevar nuestro espíritu. Escuchar música también puede ser terapéutico, ya que reduce los pensamientos depresivos.

La música también nos ayuda a entender mejor nuestros sentimientos, ya que a veces escuchamos una letra que puede resumir nuestras emociones, especialmente si no encontramos las palabras adecuadas para expresarnos. También hace que nos sintamos menos solos, ya que sabemos que hay alguien que experimenta los mismos sentimientos que nosotros.

Cristales

Cristales
https://www.pexels.com/photo/photo-of-assorted-crystals-1040639

Existen muchos tipos de cristales, y todos ellos tienen increíbles poderes curativos. Los cristales reducen el estrés, aumentan la fuerza de voluntad y ayudan a comprender mejor los sentimientos. Le ayudan a seguir adelante, le proporcionan fuerza interior, lo protegen de las energías negativas, le proporcionan claridad y le ayudan a procesar el dolor. También aportan armonía a las relaciones, aumentan la confianza, actúan como un escudo contra las vibraciones negativas, fomentan los pensamientos optimistas, liberan las emociones negativas y mejoran su estado de ánimo. Deje que el cristal adecuado lo elija a usted en el momento de comprarlo. Una vez que se sienta atraído por un cristal específico, sepa que ese es el que sanará su cuerpo, mente, corazón y espíritu.

Afirmaciones

En un capítulo anterior le hemos proporcionado afirmaciones positivas, pero ¿qué hacen las afirmaciones a su mente y espíritu? Las afirmaciones son frases positivas que remodelan sus patrones de pensamiento. Cuanto más las repita, más las creerá, y se convertirán en hechos que sustituirán a los pensamientos negativos y las dudas. Una vez que la energía y los pensamientos positivos sustituyen a los negativos, empieza a sentirse menos estresado, más feliz y agradecido.

Memorice afirmaciones que se apliquen a usted y a sus necesidades y repítalas al despertar, antes de acostarse y durante la meditación. Asegúrese de que sus afirmaciones son realistas. Además, debe saber que no son mágicas y que debe seguir trabajando por lo que quiere y perseguir sus sueños.

Hablar con franqueza

Como HSP, puede resultarle difícil hablar porque no quiere herir los sentimientos de nadie. Sin embargo, permanecer en silencio y no defenderse puede afectar su salud mental. Por lo tanto, hable siempre que le apetezca, especialmente si tiene que lidiar con vampiros energéticos que le quitan y absorben su energía. Decir lo que piensa aumentará su autoestima, reducirá la tensión, lo hará sentir más fuerte y mejorará su salud mental. Incluso si tiene opiniones diferentes a las de otra persona, nunca tenga miedo de hablar y expresarlas. Celebre y acepte siempre su singularidad.

Alejarse de los vampiros energéticos

Hemos hablado del impacto de los vampiros energéticos y las energías tóxicas en nuestra salud mental. Una de las mejores formas de proteger su energía es alejarse de los vampiros energéticos. Si evita a estas personas, no experimentará ninguna de las emociones negativas que siente después de cada interacción con ellas, como la ira, el agotamiento, el malestar y muchas otras. Como empático que absorbe las emociones de otras personas, debe evitar a los vampiros energéticos para protegerse de su absorción, que afecta su espíritu, su salud mental y su bienestar general. Por lo tanto, aléjese de las personas negativas y rodéese de las positivas que lo levanten y lo hagan sentir enérgico y optimista después de pasar tiempo con ellas. La vida es demasiado corta para desperdiciarla con personas que lo estresan y le hacen mal.

Establecer intenciones

Establecer intenciones le da un propósito y le ayuda a mantenerse enfocado en lo que quiere. Es una práctica muy sencilla en la que repite una pequeña frase que lo motiva a hacer realidad su objetivo. Establecer intenciones lo mantiene atento y concentrado en su objetivo, sin preocuparse por el futuro ni vivir con los remordimientos del pasado. Abre su corazón y le permite ser amable con usted mismo y con los demás. Por ejemplo, si se levanta cada día diciendo: «Hoy me propongo perdonar», no guardará rencores y tratará a todo el mundo con amor y amabilidad. También puede aportar positividad a su vida empezando el día con una intención de lo que va a sentir exactamente: «Hoy tengo la intención de ser feliz y de estar lleno de energía positiva». Establecer intenciones no es un deseo. Es un plan que lo motiva a la acción.

Establecer límites saludables

Establecer límites es una forma de autocuidado y es crucial para su bienestar. Es un escudo que protege su energía para que no se agote, y también establece el tono de sus relaciones, ya que comunica a la gente cómo quiere ser tratado. Establecer límites le permite cuidar de usted mismo, ya que no se concentra únicamente en las necesidades de los demás. Cuando se ocupa de sus propias necesidades, se vuelve más feliz, más positivo y menos resentido. Además, le ayuda a entenderse mejor, ya que sabe lo que acepta y lo que no. También protegerá su energía, evitando que la malgaste o pierda su tiempo con personas que no respetan sus límites.

Cuando dice «no» a las cosas que lo hacen sentir incómodo o infeliz, se convierte en alguien más feliz y positivo. Decir «no» a los demás es, en realidad, decir «sí» a su propia felicidad y bienestar. También evita estrés y ansiedad innecesarios. Los límites le convierten en una persona segura de sí misma que no tolera las faltas de respeto ni que le pasen por encima.

Caja de herramientas de prácticas para proteger su energía

- Meditación.
- Ejercicio físico.
- Caminar en la naturaleza.
- Hidratación.
- Comer alimentos saludables.
- Consumir y quemar salvia.
- Curar los chakras.
- Escribir un diario.
- Trabajo de respiración.
- Limpieza.
- Música.
- Cristales.
- Afirmaciones.
- Hablar claro.
- Alejarse de los vampiros energéticos.
- Establecer intenciones.
- Establecer límites saludables.
- Practicar el autocuidado.

Una vez que empiece a cuidar su cuerpo, su mente y su espíritu, se sentirá siempre positivo y con energía.

Capítulo 9: Restaurar y alimentar sus dones

Cada persona tiene un conjunto único de dones que le confieren unos rasgos de personalidad característicos. Las personas altamente sensibles también tienen sus propios dones; la única diferencia es que suelen estar más a flor de piel que los demás. Esto suele significar que sus necesidades serán diferentes y su vida más desafiante, y con un poco de esfuerzo, pueden convertir estas habilidades en superpoderes. Este capítulo está dedicado a restaurar y alimentar sus mayores dones: la alta sensibilidad y la empatía. Le enseñará a utilizar su capacidad para aprovechar la energía y como herramienta para formar una conexión significativa con su entorno. Si está dispuesto a trabajar para sacar el lado positivo de sus poderes, puede lograr el crecimiento espiritual y la vida equilibrada que se merece.

Las personas altamente sensibles y la empatía

El término personas altamente sensibles se refiere a individuos que nacen con una mayor sensibilidad en su sistema nervioso. Sus órganos sensoriales tienen un umbral mucho más bajo que el de los demás, lo que les permite reaccionar ante una gama mucho más amplia de estímulos emocionales, físicos y espirituales. Aunque a menudo se considera un rasgo negativo, ser demasiado sensible puede ser una herramienta extremadamente versátil en la vida.

Otro don que suelen tener es la empatía, una forma distinta de alta sensibilidad. Un empático es una persona que está aún más en sintonía con la energía de su entorno que la mayoría. Además de ser más susceptible a todos los estímulos que emanan del entorno, el sistema nervioso de un empático también tiene un número inusualmente grande de neuronas espejo. Con la ayuda de estas neuronas, los empáticos pueden sentir las emociones mucho más profundamente.

Como empático, se tiene la extraña capacidad de entender los sentimientos de los que le rodean. Esto proviene de la parte subconsciente de la mente, que le impulsa a utilizar la intuición, y a escucharla. Ser libre para elegir seguir su instinto libera su espíritu y permite mucha más creatividad en su vida.

Es importante señalar que no todas las personas altamente sensibles pueden sentir el nivel de empatía necesario para ser etiquetadas como empáticas. Ambos grupos sienten la necesidad de ayudar a los demás y vivir una vida sencilla cerca de la naturaleza. Sin embargo, al tener características más introvertidas, preferirán hacer lo segundo y simplemente elegirán no ayudar a los demás. Los empáticos, sin embargo, no dudarán en echar una mano a cualquier persona o cosa de su entorno. De hecho, los empáticos tienden a interiorizar el malestar, lo que puede llevar a confundirlo con el suyo propio.

Los beneficios de tener una gran sensibilidad como don

Son muchos los beneficios de ser una persona altamente sensible o empática. Su capacidad para aprovechar las emociones y energías de los demás puede permitirle alcanzar sus objetivos, evitar a las personas falsas y cuidar de sus seres queridos. Estas son algunas de las ventajas.

Sensibilidad a los detalles sensoriales

A diferencia de los demás, este rasgo suele ser percibido por la persona que lo muestra, lo cual no lo hace menos significativo. Procesar todas las partes de la información sensorial que recibe de forma más exhaustiva, le permite notar algunas sutilezas que otras personas pueden pasar por alto. Su cerebro registrará y procesará todas las diferencias de tonalidad y textura de los objetos que le rodean, las sutiles diferencias en la fragancia de las flores, la riqueza del sabor de las comidas que cocina y muchos más detalles sensoriales en profundidad. Esto le permite encontrar la alegría en las cosas sencillas de la vida y responder a las energías de las personas según su vibración. Nadie detectará a un mentiroso antes que una persona altamente sensible. Pueden percibir la energía negativa en el tono de voz o los cambios repentinos en la respiración.

Conciencia de los matices del significado

Como es más consciente de los matices en los significados de lo que la gente dice y hace o de lo que ocurre en su naturaleza, puede estar más atento a la hora de tomar decisiones respecto a estas acciones. Si es necesario, puede actuar con una rapidez y precisión increíbles simplemente porque ha detectado una pequeña diferencia que podría hacer que valga la pena actuar de inmediato. A pesar de ello, su atención a los detalles hará que sea mucho menos probable que experimente un error de juicio, por muy precipitada que pueda parecer la decisión a los ojos de los demás. Esto se debe a que su cerebro puede procesar el posible resultado mientras realiza la propia acción.

Cómo calcular los buenos resultados

No solo es más probable que espere un buen resultado de sus acciones, sino que también puede hacer que se produzca. Las personas sensibles, más que nadie, saben la diferencia positiva que las emociones, como la satisfacción, la alegría y la felicidad, pueden suponer en la vida de alguien. No es de extrañar que estén dispuestos a pasar a la acción para hacerlas realidad. Pueden utilizar este don para atraer muchos momentos positivos a su vida y construir un nuevo conjunto de recuerdos felices a los que puedan recurrir cuando los tiempos sean difíciles.

Memoria semántica

Una persona con memoria semántica puede comparar situaciones presentes y futuras con experiencias pasadas. Esto significa que puede procesar cualquier material a un nivel más profundo y crear una base de datos de memoria a largo plazo de todo lo que ha aprendido. Es posible que haya notado que tiene una mayor aptitud para los idiomas, pues aprende fácilmente expresiones, términos y frases extranjeras con las que otros pueden tener dificultades. Esto se debe a que su cerebro almacena los elementos más importantes de cualquier conocimiento basado en conceptos y puede recordarlos fácilmente siempre que lo necesite.

Aprendizaje inconsciente

A veces pueden aprender algo incluso sin darse cuenta. Esto se debe a que son tan intuitivos que pueden asimilar y procesar grandes cargas de información sin siquiera quererlo. Es probable que en el pasado se haya encontrado con una situación en la que la solución a un problema se le ocurrió incluso antes de que la pensara. Si esto le resulta familiar, ahora sabe que aprendió la solución de antemano, solo que no lo noto.

Moral superior

Las personas sensibles han sido bendecidas con un nivel inusualmente alto de conciencia. Tanto si le han educado con un conjunto específico de valores morales como si no, en el fondo sabe lo que está mal y lo que está bien. Siempre intenta mostrar consideración hacia las personas, incluso hacia aquellas que puede percibir claramente que no son conscientes. Se asegura de que usted o sus posesiones nunca se interpongan en el camino de otra persona. Esta es también una buena manera de mantener sus objetos de valor a salvo.

Mayor empatía

Sentir lo que sienten los que le rodean le permite comprenderlos mejor como individuos. Puede que una persona no muestre sus emociones al exterior debido al miedo, la vergüenza u otras emociones negativas, pero usted sabrá cómo se sienten y podrá ayudarles si lo necesitan. Tener una mayor empatía le convierte en un sanador de una manera no tradicional. Siempre puede estar ahí para sus familiares y amigos si necesitan a alguien con quien hablar de sus problemas o incluso consejos sobre cómo conseguir ayuda profesional.

Esto le convierte en un mejor participante en sus relaciones y refuerza su vínculo con sus seres queridos, le permite establecer nuevas conexiones. Nada establece mejor los cimientos de las relaciones que ganarse la confianza de una persona. Como resultado, obtiene un círculo mucho más amplio que sabe que puede confiar en usted en cualquier momento en el futuro, y que también estará ahí para usted si lo necesita.

Conciencia de sí mismo

Las personas que le rodean no son las únicas con las que está en sintonía emocional. Como persona altamente sensible, es mucho más consciente de sus propios estados emocionales que la mayoría de la gente. Esto significa que se dará cuenta de que algo va mal mucho más rápido y es más probable que busque ayuda profesional. Tiene una capacidad innata para cuidar adecuadamente de su cuerpo y su mente. Así que, a menos que decida ignorar su intuición, no tendrá ningún problema para mantener una buena salud.

También tiene la capacidad de expresar sus emociones a través de medios artísticos. Ya sea mediante la escritura, pintura, con canciones sobre ellas o al representarlas en una obra de teatro, sus emociones son un terreno fértil de inspiración. Aunque lo haga como un pasatiempo, su obra siempre será profunda y estará llena de significado que desea comunicar al resto del mundo.

Rasgos de personalidad introvertida

Una de las principales razones por las que las personas sensibles encuentran consuelo en la creatividad y en aprender a expresarse a través del arte es porque todas ellas tienen tendencias introvertidas. Aunque los empáticos tienden a mostrar algunos rasgos extrovertidos, les resulta más fácil expresarse a través de otros medios que no sea hablar directamente de sus emociones. No poder hablar de sus emociones con sus seres queridos puede ser frustrante. Sin embargo, puede mostrarles todo lo que siente a través del arte que elija.

Agudeza en la motricidad fina

La atención a los detalles también le convierte en un especialista en el uso de sus habilidades de motricidad fina. Se trata de los talentos necesarios para tocar instrumentos, dibujar o crear objetos a mano. Una motricidad fina más aguda también le permite destacar en ciertos deportes basados en tiempos de acción y reacción precisos. Además de nacer con esta habilidad, también puede perfeccionarla si entrena los pequeños grupos musculares necesarios para que actúen de forma perfectamente sincronizada.

Contemplar los procesos de pensamiento

A menudo se dice que las personas altamente sensibles tienden a pensar demasiado en todo en la vida, lo que puede ser verdad hasta cierto punto. Probablemente se pregunte por qué piensa en ciertas cosas tanto como lo hace. En primer lugar, pensar en usted mismo no ocupa más parte de su cerebro que pensar en los demás. Simplemente asegúrese de que no descuida su bienestar mental. En segundo lugar, a pesar de tener un fuerte presentimiento sobre algo, a veces puede distraerse con otras emociones, lo que hace que ignore su intuición. Reflexionar sobre sus pensamientos puede hacerle consciente de este tipo de errores, para que pueda evitar cometerlos en el futuro.

Conciencia espiritual más profunda

Tanto si es devoto de una religión concreta como si no, considera esencial mantenerse en contacto con sus necesidades espirituales. Alimentar su alma le resulta fácil porque escucha sus deseos. Es posible que también se preocupe por las necesidades espirituales de los demás y quiera ayudarles a crecer también. Tiene el don de enseñarles cómo enfocar mejor sus vidas, y a menudo descubre un nuevo propósito para la suya también en el camino.

Cómo restaurar y nutrir la empatía y la alta sensibilidad

Sin la autodefensa psíquica, sus dones son altamente propensos a diferentes formas de ataques psíquicos, incluida la apropiación de energía negativa y encuentros con vampiros psíquicos. Además de aprender a proteger su energía con un escudo, también puede tomar otras precauciones para evitar asumir las energías y los problemas de los demás. Una gran manera de hacerlo es alimentar todos los maravillosos dones que ahora sabe que posee. Convertirlos en su superpoder le permitirá defenderse, asegurarse de que sus sentimientos son suyos y curarse de la confusión que supone asumir la energía de otras personas. Aquí tiene algunas formas estupendas de hacerlo:

Acepte sus dones

El primer paso en su viaje debería ser aceptar sus dones de empatía, sensibilidad y todas las demás maravillosas habilidades con las que nació. Piense en ellos y pregúntese si merecen la luz negativa con la que los ha visto hasta ahora. Puede que se sienta incómodo con los pensamientos negativos a los que se ha acostumbrado tanto; aun así, tiene que pensar que todo lo que le hacen sentir son herramientas potenciadoras para liberar sus emociones.

Considere de dónde viene la energía

La mayoría de las veces, la energía negativa proviene de una persona con la que se tiene una relación cercana. Como sus sentimientos hacia ellos tienden a nublar su juicio, esto puede ser una píldora difícil de tragar. Dicho esto, no hacer nada no ha hecho desaparecer la negatividad hasta ahora. En todo caso, probablemente haya empeorado las cosas. Por lo tanto, el paso obvio después de aceptar sus dones es reconocer que necesita lidiar con ellos y canalizarlos en la dirección correcta.

Proteja sus dones

Ahora que sabe que su sensibilidad es un don y no una carga, es hora de que aprenda a protegerla. Intente liberar los pensamientos y las emociones que recoge a través de un diario para proteger sus sentimientos. Solo tiene que escribir unas cuantas frases por la mañana o por la noche, y pronto se sentirá mucho mejor al utilizar sus dones.

También puede escribir afirmaciones personalizadas para recordar aún más su utilidad.

Establecer límites

Establecer límites es otra forma excelente de proteger su energía. Dicho esto, este paso es también uno de los más difíciles que tendrá que dar. Por un lado, tiene que hacer que los demás sean conscientes de su intención de proteger su energía. También debe considerar que a los que le rodean pueden no gustarles estos límites. Y si no pueden respetar la línea que traza, su relación se verá afectada. Intente hablar con ellos sobre su necesidad de hacer esto y explíqueles también que necesita que su naturaleza altamente sensible sea respetada.

También tiene que asegurarse de que tiene claros sus límites. Para ello, debe tomarse el tiempo de observar cada área de su vida y ver dónde se drena su energía o si se ha contaminado con negatividad. Aparte de personas concretas, la energía tóxica también puede provenir de un entorno. Si es así, debería intentar cambiarlo lo antes posible para crear una vida que se adapte mejor a usted.

Limpie su energía con actividad física

Hay varias prácticas para limpiar su energía mentalmente, pero ninguna de ellas es tan atractiva como mover su cuerpo y hacer que la energía se mueva a través de él. Además, seguir los pasos anteriores puede ser agotador mentalmente, así que es hora de que recargue su energía mediante alguna actividad física.

Como introvertido, puede que los deportes y otras actividades en grupo no le sirvan, pero hay otras cosas que puede probar. Puede simplemente dar un paseo por el parque después de la comida, respirar el aire fresco, y dejar que limpie su energía. También puede bailar para alejar la negatividad. Siéntase libre de hacerlo solo e incluya cualquier movimiento que le guste.

Cualquier movimiento que elimine la negatividad y rejuvenezca su energía puede funcionar. Lavarse, tomar un baño o una ducha después del entrenamiento es siempre una buena idea. Así eliminará todos los restos de toxicidad que puedan estar todavía adheridos a su cuerpo.

Conectarse con el presente

Por encima de todo, el momento más importante en el que debe centrarse es el presente. Toda la negatividad que toma regularmente tiene que ser debidamente procesada y canalizada lejos de su mente y cuerpo. Esto requiere que se mantenga realmente con los pies en la tierra, lo que solo es posible si se centra en lo que sucede en el ahora. Los recuerdos del pasado solo pueden guiarle hasta cierto punto, y preocuparse por el futuro no es ni remotamente útil en esta situación.

Las prácticas que le permiten permanecer en el presente le permitirán estar tranquilo, relajado y centrado en sus objetivos. Intente optar por un ejercicio de enraizamiento que pueda realizarse al aire libre, para que también pueda estar cerca de la naturaleza. Le prestará su energía pura y le proporcionará la estabilidad que necesita para permanecer en el presente. Dado que requiere que ralentice su procesamiento y filtrado de estímulos y emociones, conectarse a tierra es una de las mejores formas de perfeccionar sus superpoderes de sensibilidad. Solo asegúrese de que hace algo que le satisface y no lo hace por hacer.

Utilice sus dones para ayudar a sus seres queridos

Ahora que se ha dotado de las mejores herramientas para procesar la negatividad, es hora de que pruebe sus dones con los demás. Al principio, es posible que no esté seguro de si será capaz de mantener estos límites y respetar la privacidad de los demás. Esto es totalmente normal, y es la razón principal por la que debe empezar con personas con las que tenga una relación afectiva. La forma de canalizar la energía depende de cada persona, por lo que es mucho más seguro practicarla con alguien que entienda y acepte sus dones. Empiece por mantener una conversación genuina con sus amigos y familiares, empatice con ellos e intente encontrar una solución para cualquier problema que puedan tener en su vida.

Retribuir a su comunidad

Cuando se sienta cómodo para utilizar sus dones con sus seres queridos, puede llevarlos a otro nivel cuando hace algo para la comunidad. Como introvertidos, a las personas altamente sensibles a menudo les resulta difícil asimilar una comunidad más grande, así que esto será definitivamente un gran paso para usted. No utilizar sus dones para ayudar a los necesitados sería una oportunidad perdida de crecimiento personal, que es uno de los requisitos para tener un campo energético saludable.

Exprese su sensibilidad a través del arte

Las personas sensibles tienen una capacidad innata para expresarse a través del arte de forma que no pueden hacer de otra manera. Así que, ¿por qué no utilizar este superpoder para crear algo que canalice permanentemente toda su energía en ello? Regalar creaciones hechas a mano es una de las mejores maneras de difundir la positividad a su alrededor y garantizar que todo el mundo pueda seguir siendo feliz y saludable, incluido usted mismo.

Dejar de lado las ideas erróneas sobre su sensibilidad puede ser un reto. La sociedad nos ha condicionado a ver la sensibilidad como una debilidad cuando, en realidad, no tiene por qué serlo en absoluto. Puede ser su mayor fortaleza, pero solo si está dispuesto a trabajar en ella. Entender cómo utilizar sus dones puede transformar su vida por completo, y hacerle sentir seguro, feliz y rodeado de gente que se preocupa por usted.

Capítulo 10: Reto de 30 días para proteger su energía

En este capítulo encontrará un reto de 30 días que puede ayudarle a proteger su energía. Cada día del reto viene con una afirmación diaria que le permitirá establecer su intención para el día.

Día 1:

Afirmación de hoy: «Soy responsable de la calidad de mis relaciones».

- **Decir «no».** Decir no a cualquier petición que no le apetezca hacer. Priorizar sus propias necesidades y deseos.
- **Desprenderse.** Sea consciente de hacia dónde dirige su energía y sus pensamientos, y preocúpese solo de lo que le afecta. Como empático, inevitablemente sentirá los sentimientos de los demás. El truco aquí es obligarse a no hacer nada al respecto porque una vez que decida que necesita ayudar a «arreglar» las cosas para ellos, se convierte en su carga.
- **Hacer la meditación del escáner corporal.** Consulte el capítulo 2 para ver las instrucciones. Esta meditación le ayudará a ser consciente de todas las sensaciones de su cuerpo, ya sean físicas, emocionales o relacionadas con el pensamiento.

Día 2:

Afirmación de hoy: «Libero el pasado y abro completamente mi corazón al presente».

- **Dar un largo paseo por la naturaleza.** Sumérjase en la experiencia. Fíjese en las diferentes tonalidades que ve, escuche atentamente a los animales y huela la lluvia, las flores y los troncos húmedos de los árboles. Sienta el aire fresco en los brazos y la cara, y respire profundamente.
- **Practicar yoga.** Puede elegir la postura que quiera. Sin embargo, le recomendamos la postura de la montaña, especialmente si es principiante. Es fácil de hacer y puede ayudar a aumentar su conciencia corporal. También puede ayudar a mejorar su postura y alineación.

Póngase de pie con los pies apoyados en el suelo. Deje que los dedos gordos de los pies se toquen, pero con los talones ligeramente separados. Levante el pecho mientras empuja los hombros hacia abajo. Las palmas de las manos deben estar orientadas hacia delante. Meta ligeramente la barbilla y extienda la coronilla. Respire por la nariz con la garganta contraída. Hágalo durante unas 5 o 10 respiraciones.

- **Diario.** Piense en todo lo que le molesta y reflexione sobre sus emociones negativas. Escriba todo lo que le ronda por la cabeza. Escribir un diario puede ayudarle a liberar sus emociones y le permitirá conectar con sus sentimientos.

Día 3:

Afirmación de hoy: «Me doy permiso para sanar».

- **Beber agua.** Beber un vaso de agua a primera hora de la mañana puede ayudarle a mejorar su estado de ánimo, su rendimiento mental y su metabolismo.
- **Comer muchas verduras.** Honre a su cuerpo con una ensalada sana y abundante.
- **Hacer ejercicio durante 20 o 30 minutos.** Puede hacer cualquier forma de ejercicio que le guste. Por ejemplo, busque vídeos de baile o haga entrenamientos de circuito en casa.
- **Practicar la respiración profunda.** Respire profundamente durante 2 o 3 minutos. Puede cerrar los ojos y tomar conciencia de sus sensaciones corporales.
- **Utilizar aceites esenciales.** Tome un largo baño relajante y utilice un aceite esencial calmante como el de lavanda o el de incienso.

- **Hacer ligeros estiramientos.** Realice ligeros ejercicios de estiramiento antes de irse a la cama.

Día 4:

Afirmación de hoy: «Experimento la felicidad en todo lo que hago».

- **Ser optimista.** Escriba cómo quiere que sea su día al levantarse. No es necesario que incluya detalles. Limítese a mencionar las emociones que quiere sentir, como la alegría, el entusiasmo, la felicidad, etc. Escríbalas en tiempo presente, evite frases negativas, comience las frases con «yo» (de la misma manera que escribiría una afirmación).
- **Meditar.** Practique cualquier forma de meditación que desee durante 5 minutos. Puede consultar el capítulo 2 para ver ejemplos e instrucciones.
- **Buscar el lado positivo.** Intente señalar el mayor número posible de cosas buenas a lo largo de su día. Si ocurre algo desafortunado, busque el lado bueno y señálelo, por pequeño que sea. Convierta esto en un hábito.
- **Escuchar música alegre.** Ponga música alegre mientras se prepara, de camino al trabajo, mientras cocina, etc.
- **Abandonar las conversaciones negativas.** Estar rodeado de gente puede ser suficientemente abrumador para usted. No tenga miedo de salir de las conversaciones negativas y estresantes.

Día 5:

Afirmación de hoy: «Soy capaz de sentir amor incondicional».

- **Jugar con un bebé, acariciar un perro o un gato.** Esto le ayudará a mejorar su estado de ánimo y a reducir los niveles de la hormona del estrés.
- **Hacer un acto de bondad al azar.**
- **Sonreír a un desconocido.**
- **Perdonar a alguien que le haya hecho daño.** Escriba cómo le ha herido esa persona (puede ser usted mismo) y cómo se siente al respecto. Queme el papel y déjelo ir. No necesita volver a hablar con ellos. Perdonarles desde dentro le permite hacer las paces con la situación y le ayudará a seguir adelante.

Día 6:

Afirmación de hoy: «Dejo ir todo mi dolor».

- **Meditar.** Medite durante 5 minutos.
- **Hacer ejercicio.** Estirar o hacer una forma ligera de ejercicio durante 15 minutos.
- **Sanar su energía.** Consulte el capítulo 8 para obtener ideas. Llevar un cristal de citrino puede ayudarle a practicar la atención plena. También puede visitar a un maestro de reiki o a un profesional del masaje para una sesión de curación.
- **Dormir siestas.** Si se siente cansado a lo largo del día, no se resista a la necesidad de una siesta.

Día 7:

Afirmación de hoy: «Me siento en paz con cada respiración que hago».

- **Practicar la respiración profunda.** Respire profundamente durante 2 minutos.
- **Tómese un descanso de la tecnología.** Evite utilizar las redes sociales y los dispositivos tecnológicos a lo largo del día.
- Nota: Puede cambiar de día si el día 7 no cae en fin de semana. Es posible que tenga que consultar su correo electrónico o estar conectado por motivos de trabajo.
- **Desconectarse.** Sea consciente de hacia dónde dirige su energía y sus pensamientos, y preocúpese solo de lo que le afecta.

Día 8:

Afirmación de hoy: «Dejo ir la necesidad de mantener el control».

- **Practicar yoga.** Recomendamos la postura del perro mirando hacia arriba para el día 8. Para empezar esta postura, tiene que tumbarse boca abajo. Mientras inhala, estire los brazos y levante el pecho hacia arriba. Abra el corazón. La parte superior de los pies debe estar apoyada en el suelo (los talones hacia arriba y los dedos hacia abajo y hacia atrás). Despegue los muslos y las rodillas de la esterilla. Permanezca en esta posición de 3 a 5 respiraciones.
- **Dejarse llevar.** No intente controlar ciertos aspectos a lo largo del día y acepte el flujo natural de las cosas.
- **Convertir los «y si» negativos en positivos.** «¿Y si lo estropeo?» - «¿Y si todo sale como está previsto?»

Día 9:

Afirmación de hoy: «Estoy totalmente abierto a dar y recibir amor».

- **Practicar el amor propio.** Escriba tres cosas que realmente le gusten de usted mismo. Recuérdese estas cualidades a lo largo del día.
- **Ser expresivo.** Agradezca y aprecie a las personas que quiere. Demuestre su gratitud.
- **Mantenerse firme.** Manténgase firme y exprésese incluso cuando alguien desafíe sus creencias.
- **Aceptar su naturaleza servicial.** Si siente que alguien necesita ayuda, pregunte qué puede hacer por él. Recuerde que no debe salirse de su camino ni hacer algo que comprometa su propio bienestar mental, emocional y físico. Aprenda a ayudar dentro de unos límites razonables.

Día 10:

Afirmación de hoy: «Estoy agradecido por todas las bendiciones de mi vida».

- **Practicar la gratitud.** Piense en todas las cosas, cualidades y personas por las que está agradecido.
- **Meditar.** Medite durante 5 minutos.
- **Dar un largo paseo por la naturaleza.** Esté plenamente presente y exprese su gratitud por todas las cosas buenas de la vida. Déjese conmover por la belleza de su entorno.
- **Devolver algo.** Plante una semilla, ayude a limpiar su vecindario, ayude a alguien, o haga algo por un amigo.

Día 11:

Afirmación de hoy: «Doy un paso para alcanzar mis objetivos cada día».

- **Beber un vaso de agua.** Beba un vaso de agua por la mañana para eliminar las toxinas y mejorar su estado de ánimo y concentración.
- **Programar su día.** Escriba una lista de tareas para planificar el día.
- **Hacer ejercicio.** Haga su forma favorita de ejercicio durante 30 minutos.

- **Hacer algo que haya estado evitando.** Ya sea limpiar su oficina u organizar su armario, es hora de hacer por fin una tarea que ha estado evitando.
- **Practicar la visualización.** Tómese de 10 a 15 minutos para visualizar el futuro que desea con todos sus detalles.

Día 12:

Afirmación de hoy: «Estoy a salvo. Estoy protegido. Un escudo de energía positiva me rodea».

- **Hacer una liberación emocional.** Piense en sus emociones e identifique las que le pertenecen y las que ha absorbido de otros. Escríbalo todo en su diario.
- **Meditar.** Medite durante 5 minutos.
- **Tomarse un descanso.** Tómese el día libre en el trabajo y permítase aflojar el ritmo con las tareas.
- **Quemar salvia.** Quemar salvia puede elevar su estado de ánimo, eliminar las toxinas y las bacterias de la habitación y reducir los niveles de estrés y ansiedad.
- **Hacer algo divertido.** Practique un pasatiempo, vea una película divertida, vaya a dar un paseo, etc.

Día 13:

Afirmación de hoy: «Estoy abierto a recibir oportunidades inesperadas».

- **Beber un vaso de agua.** Beba un vaso de agua por la mañana para comenzar bien el día.
- **Restablecer su conciencia.** Consulte el capítulo 2 para ver las instrucciones sobre cómo realizar esta práctica meditativa. Hágalo varias veces con diferentes experiencias.
- **Adoptar una mentalidad optimista.** Espere que en su día ocurran grandes cosas de la nada.
- **Salir de la zona de confort.** Haga algo que siempre ha querido hacer, pero que nunca ha tenido la oportunidad de hacer.
- **Arriesgarse.** ¿Hay una vacante atractiva en una empresa a la que no quería presentarse? Atrévase a hacerlo.

Día 14:

Afirmación de hoy: «Atraigo a personas amables y afines».

- **Mantener conversaciones significativas.** Las conversaciones triviales pueden ser agotadoras para cualquiera. Intente evitarlas y opte por conversaciones significativas en su lugar.
- **Ser selectivo.** Sea selectivo a la hora de elegir con quién pasar su tiempo. Evite salir con personas negativas o críticas.
- **Decir adiós.** Deje ir a quienes ya no le sirven. Haga las paces con esta decisión y tenga la certeza de que es por su propio bien.
- **Pensar antes de hablar.** Elegir cuidadosamente sus palabras y evitar hablar de forma negativa es un buen hábito a crear.
- **Hacer un acto de bondad al azar.**

Día 15:

Afirmación de hoy: «Doy prioridad a mi mente, cuerpo y espíritu».

- **Practicar la respiración profunda.** Respire profunda y conscientemente durante 2 minutos.
- **Tomar un desayuno nutritivo.** Tome un desayuno equilibrado para aumentar su concentración y sus niveles de energía.
- **Beber suficiente agua.** Asegúrese de beber suficiente agua a lo largo del día.
- **Hacer ejercicio.** Haga su ejercicio favorito durante 45 - 60 minutos.
- **Premiarse.** Haga algo que le haga feliz. Prémiese por haber llegado a la mitad del camino.

Día 16:

Afirmación de hoy: «Mi elección de ser feliz me mantiene en una salud óptima».

- **Meditar.** Medite durante 10 minutos.
- **Evitar los estimulantes.** En lugar de controlar su alta sensibilidad durante las situaciones de estrés, tómese un descanso durante el día y evite por completo los estimulantes.
- **Hacer ejercicio.** Haga ejercicio durante 15 minutos.
- **Reír.** Salga con gente o vea películas que le hagan reír.

Día 17:

Afirmación de hoy: «Me doy cuenta de que estas circunstancias son una oportunidad para ayudarme a crecer».

- **Practicar la técnica del paseo meditativo.** Consulte el capítulo 2 para ver las instrucciones. Esta técnica puede ayudarle a elevar su conciencia y a mantenerle centrado en el momento presente.
- **Estirar.** Estire su cuerpo durante 15 minutos.
- **Practicar la visualización.** Dedique unos minutos a visualizar el futuro que desea.
- **Ampliar sus conocimientos.** Lea algo educativo o empiece a aprender una nueva habilidad.

Día 18:

Afirmación de hoy: «Tengo el poder de dar forma a la realidad que quiero».

- **Haga una rutina de yoga.** Busque un vídeo de rutinas de yoga paso a paso para principiantes en YouTube y hágalo.
- **Desconectarse.** Tómese un descanso de la tecnología y las redes sociales por un día.
- **Ser creativo.** Practique cualquier actividad creativa. Dibuje, pinte, baile, escriba, hornee, etc.
- **Practicar una de sus aficiones.**

Día 19:

- **Afirmación de hoy:** «No permito que el miedo y las dudas se interpongan en el camino de mis objetivos y deseos».
- **Practicar una técnica de conexión a la tierra.** Elija cualquier técnica de conexión a la tierra que le guste y practíquela.
- **Sugerencia:** método de conexión a la tierra 54321.
- Lleve la conciencia a su respiración y luego busque cinco cosas que pueda ver, cuatro que pueda tocar, tres que pueda oír, dos que pueda oler y una que pueda saborear.
- Hacer ejercicio. Haga ejercicio durante 30 minutos.
- Superar un miedo. Dé pasos para superar un miedo.
- Dejarse llevar. Deje de lado la necesidad de tener el control.

Día 20:
Afirmación de hoy: «Siento que mi espíritu se recarga cada vez que me conecto con la naturaleza».

- **Comer verduras.** Concéntrese en alimentar su cuerpo con frutas y verduras.
- **Caminar al aire libre.** Dé un paseo de 20 minutos por la naturaleza.
- **Aprovechar la luz y el aire natural.** Abra todas las ventanas de su casa para que entre el aire fresco y la luz.
- **Restablecer su conciencia.** Realice la técnica de atención plena para restablecer su conciencia.

Día 21:
Afirmación de hoy: «Cada día estoy más cerca de conseguir mis objetivos».

- **Meditar.** Medite durante 10 minutos.
- **Reflexionar.** Reflexione sobre lo que ha conseguido con esta rutina, los progresos que ha hecho en la gestión de su alta sensibilidad y los pasos que ha dado para conseguir sus objetivos.
- **Practicar la autocompasión.** Exprese su gratitud, compasión y aprecio hacia usted mismo.
- **Sentirse orgulloso.** Permítase sentirse orgulloso de todos sus logros.

Día 22:
Afirmación de hoy: «Estoy agradecido por todas mis experiencias».

- **Contar sus bendiciones.** Escriba tres cosas buenas en su vida.
- **Expresar gratitud.** Dé las gracias a sus amigos y familiares y, sobre todo, a usted mismo.
- **Utilizar las redes sociales.** Utilice el poder de las redes sociales para difundir la positividad y hacer el bien.

Día 23:
Afirmación de hoy: «Me quiero y me acepto profundamente».

- **Practicar una técnica de conexión a la tierra.** Haga la técnica de conexión a la tierra 5-4-3-2-1 o elija cualquier otro método.
- **Practicar yoga.** Consulte el día 2 para ver las instrucciones sobre la postura de la montaña.

- **Liberar los pensamientos y emociones.** Déjese espacio para sentir todas sus emociones y reflexionar sobre ellas. Acepte todos sus sentimientos y diga su verdad.
- **Llevar una piedra curativa.** La amazonita le ayudará a gestionar la agitación emocional y le animará a seguir su pasión.

Día 24:

Afirmación de hoy: «Desordeno mi vida para crear espacio para recibir el apoyo y el consuelo que necesito».

- **Organizar la agenda.** Priorice las tareas de mayor a menor importancia y elimine las cosas que ya no son esenciales. Una agenda desordenada puede disparar su alta sensibilidad.
- **Despejar su casa.** Un hogar desordenado puede actuar como un estimulante abrumador. Done las cosas que ya no necesite.
- **Desconectarse.** Deje ir los pensamientos, las personas, las emociones y los acontecimientos que ya no le sirven.

Día 25:

Afirmación de hoy: «Soy independiente y autosuficiente».

- **Meditar.** Medite durante 5 minutos.
- **Estirar.** Estire su cuerpo durante 10 minutos.
- **Decir «no».** Dé prioridad a su bienestar.
- **Trabajar en el autodesarrollo.** Practique una habilidad o un talento.

Día 26:

Afirmación de hoy: «Sé que todo en mi vida se está desarrollando perfectamente».

- **Devolver.** Si recibe pensamientos y emociones no deseados, tiene que recordar que lo más probable es que no sean tuyos. Probablemente los haya absorbido de otra persona. Tómese un momento para identificar lo que piensa y siente. Si no son suyos esos pensamientos y sentimientos, devuélvalos.
- **Practicar la respiración profunda.** Respire profundamente durante 2 o 3 minutos.
- **Hacer ejercicio durante 20 o 30 minutos.** Practique cualquier forma de ejercicio que le guste.

Día 27:

Afirmación de hoy: «Estoy dispuesto a estar en paz conmigo mismo».

- **Practicar la respiración profunda.** Respire profundamente durante 2 o 3 minutos.
- **Hacer una liberación emocional.** Escriba en un diario sus pensamientos y emociones.
- **Practicar el autocuidado.** Tome un largo baño relajante, tenga un día de spa o queme aceites esenciales calmantes.
- **Realizar ligeros estiramientos.** Haga ligeros estiramientos antes de irse a la cama.

Día 28:

Afirmación de hoy: «Mi felicidad viene de mi interior».

- **Escuchar música alegre.** Ponga música alegre siempre que tenga la oportunidad.
- **Haga la meditación del escáner corporal.** Consulte el capítulo 2 para ver las instrucciones.
- **Meditar.** Medite durante 10 minutos.

Día 29:

Afirmación de hoy: «Estoy dispuesto a ver las cosas de otra manera».

- **Quemar salvia.** Queme salvia para elevar su estado de ánimo.
- **Practicar la visualización.** Tómese de 10 a 15 minutos para visualizar el futuro que desea.
- **Beber suficiente agua.** Asegúrese de beber suficiente agua a lo largo del día.

Día 30:

- **Afirmación de hoy:** «Creo nuevas rutinas basadas en los objetivos que deseo alcanzar».
- **Practicar la respiración profunda.** Respire profunda y conscientemente durante 2 minutos.
- **Meditar.** Practique cualquier forma de meditación que quiera durante 5 minutos.
- **Reflexionar.** Reflexione sobre los últimos 30 días. ¿Cómo ha cambiado su vida? ¿Cree que ahora puede gestionar su alta sensibilidad de forma más eficiente?
- **Premiarse.** Recompénsese por haber llegado al final del reto.

Enfrentarse a su alta sensibilidad puede ser muy difícil a veces. Sin embargo, esta divertida rutina de 30 días puede ayudarle a mantenerse en el camino para proteger su energía. Convertir estas tareas en hábitos puede ayudarle a transformar su vida.

Conclusión

A todo el mundo le han dicho que es demasiado sensible o emocional en algún momento de su vida. También es normal que le acusen de tomarse las cosas demasiado a pecho cuando reacciona de forma diferente a los demás. Quizás siempre ha sido demasiado sensible cuando se trata de ruidos fuertes, interacciones físicas y luces brillantes, pero siempre lo ha visto como una simple manía. Tal vez nunca pensó que podía significar algo más hasta que cogió este libro.

Las personas altamente sensibles son ampliamente incomprendidas. A menudo se les etiqueta erróneamente como introvertidos o se piensa que son demasiado dramáticos. Suelen ser intimidados, criticados y vistos como débiles. Se glorifica la fuerza física y emocional, la persistencia y la resiliencia, mientras que el mundo se aprovecha de las personas compasivas, sensibles y generosas.

La falta de conciencia de la alta sensibilidad en la sociedad puede perjudicar a las personas de alta sensibilidad de forma significativa. Puede dificultar su participación activa en la comunidad, pero también puede dificultar su propia comprensión. Ser altamente sensible, en contra de la creencia popular, no es algo que haya que ocultar, arreglar o avergonzarse. La sensibilidad puede suponer una ventaja. Puede hacerles más agradecidos, creativos, empáticos e inteligentes. Las personas altamente sensibles están dotadas de increíbles habilidades intrapersonales e intuitivas.

Existe una idea errónea de que son emocionalmente sensibles y se toman las cosas a pecho. Sin embargo, ser una persona altamente sensible va más allá de los sentimientos y las emociones. El término se utiliza para describir a los individuos que son más sensibles a los estímulos mentales, físicos y emocionales que la persona media. También es importante señalar que la alta sensibilidad es un rasgo de la personalidad, al igual que la extraversión, la introversión, la creatividad y la amabilidad. No se trata de una dolencia mental que haya que arreglar. Como cualquier otra característica, la alta sensibilidad conlleva desventajas cuando se gestiona mal.

Ahora que ha leído este libro, podrá saber con seguridad si es una persona altamente sensible o empática. Esto le ayudará a adoptar el enfoque correcto y a determinar los pasos que debe dar para mantener su bienestar mental, espiritual, físico y emocional. Comprenderá los diferentes retos a los que puede enfrentarse en la vida y las diversas técnicas que puede utilizar para hacer frente a estas situaciones. El libro también ofrece a sus lectores una visión del concepto de las energías y del sistema de chakras, lo que lo convierte en un gran punto de partida para las personas que desean embarcarse en su viaje de sanación energética y de los chakras.

Los capítulos 4 y 5 del libro deberían facilitarle la identificación de las energías tóxicas en su vida y aprender a protegerse de ellas. Conocerá los diferentes tipos de vampiros energéticos y cómo puede interactuar con ellos de forma eficiente sin comprometer su propio bienestar. Los últimos capítulos están dirigidos a ayudarle a practicar el autocuidado y a establecer límites. Estos capítulos proporcionan diferentes herramientas y técnicas que puede utilizar para proteger su energía personal y reponerla después de que un vampiro de energía la haya agotado. Por último, el reto de 30 días que aparece al final del libro puede ayudarle a dar los pasos para cambiar su vida.

Vea más libros escritos por Mari Silva

Su regalo gratuito

¡Gracias por descargar este libro! Si desea aprender más acerca de varios temas de espiritualidad, entonces únase a la comunidad de Mari Silva y obtenga el MP3 de meditación guiada para despertar su tercer ojo. Este MP3 de meditación guiada está diseñado para abrir y fortalecer el tercer ojo para que pueda experimentar un estado superior de conciencia.

https://livetolearn.lpages.co/mari-silva-third-eye-meditation-mp3-spanish/

Referencias

Sacks, B., & Religion News Service. (2014, May 16). El reiki se vuelve famoso: la práctica de toques espirituales ahora en común en hospitales. Washington Post (Washington, D.C.: 1974). https://www.washingtonpost.com/national/religion/reiki-goes-mainstream-spiritual-touch-practice-now-commonplace-in-hospitals/2014/05/16/9e92223a-dd37-11e3-a837-8835df6c12c4_story.html

Tipos de medicina alternativa y complementaria. (2019, November 19). Hopkinsmedicine.Org. https://www.hopkinsmedicine.org/health/wellness-and-prevention/types-of-complementary-and-alternative-medicine

Adam, B. (2018, November 5). ¿Qué es una sintonización reiki? My Blog. https://www.pathwayshealing.com/what-is-a-reiki-attunement/

Administrator, R. (2014, October 15). ¿Qué es el reiki? Reiki. https://www.reiki.org/faqs/what-reiki

Bedosky, L., & Laube, J. (n.d.). Reiki: Cómo funciona esta energía sanadora y sus beneficios para la salud. EverydayHealth.Com. https://www.everydayhealth.com/reiki/

Cauldrons, & Cupcakes. (2019, January 22). ¿Es usted un alma sensitiva, intuitiva, psíquica o empática? ¡Aquí tiene una lista para comprobarlo! Cauldrons and Cupcakes. https://cauldronsandcupcakes.com/2019/01/23/are-you-a-sensitive-intuitive-psychic-or-empathic-soul-heres-a-checklist-to-help-you-find-out/

Cronkleton, E. (2018, June 21). Reiki: Beneficios, qué esperar, cristales y encontrar un practicante. Healthline. https://www.healthline.com/health/reiki

Daly, A. (2019, April 22). Puede valer la pena probar el reiki si tiene dolor. Women's Health. https://www.womenshealthmag.com/health/a27155104/what-is-reiki/

Todo lo que necesita saber sobre los símbolos del reiki y sus significados. (2018, May 8). Mindbodygreen. https://www.mindbodygreen.com/articles/reiki-symbols-meanings/

¿Cómo funciona el reiki? (n.d.). Taking Charge of Your Health & Wellbeing. https://www.takingcharge.csh.umn.edu/explore-healing-practices/reiki/how-does-reiki-work

IARP. (2014, April 20). Historia del reiki: lea sobre el origen y las tradiciones del reiki. IARP. https://iarp.org/history-of-reiki/

Luna, A. (2016, June 6). Treinta señales de que usted nació para ser un sanador espiritual. LonerWolf. https://lonerwolf.com/spiritual-healer/

Marcovigil, Giselle, Sam, Brown, S., Robert, Lisa, & K. (2020, June 26). ¿Cómo saber si usted es psíquico? Seis señales de que usted es un médium psíquico. The Black Feather Intuitive. https://www.theblackfeatherintuitive.com/how-to-tell-if-you-are-psychic/

Naicker, X. (2021, September 6). Siete señales de que usted es un sanador y no solo un sensible (actializado en 2022). Mysticmag.Com; MysticMag. https://www.mysticmag.com/psychic-reading/signs-you-might-be-a-healer/

Nunez, K. (2020, August 24). Principios del reiki y cómo usarlos para mejorar su bienestar. Healthline. https://www.healthline.com/health/reiki-principles

Sintonización con reiki - el proceso y el propósito. (2018, January 8). Centre of Excellence. https://www.centreofexcellence.com/reiki-attunement-process-purpose/

Rohan, E. (2022, May 20). Soluciones actuales para la menopausia No son los remedios de tu mamá (lo sé porque le pregunté a la mía). Well+Good. https://www.wellandgood.com/menopause-solutions-phenology/

Star, D. B. (2015). ¿Qué es el reiki? Createspace Independent Publishing Platform.

¿Qué es el reiki y ¿funciona realmente? (2021, August 30). Cleveland Clinic. https://health.clevelandclinic.org/reiki/

(N.d.-a). Yourlegacyproject.Com. https://yourlegacyproject.com/10-signs-you-are-a-healer/

(N.d.-b). Com.Au. https://www.bodyandsoul.com.au/mind-body/10-surprising-signs-that-you-might-be-psychic/news-story/7220ada2fd93f329915bbaa529a78eb6

Biernacki, L. (2019). Cuerpo sutil. In Transformational Embodiment in Asian Religions (pp. 108–127). Routledge.

Davis, F. (2021, March 3). Once formas de recargar su energía vital: Sea su mejor versión. Cosmic Cuts. https://cosmiccuts.com/blogs/healing-stones-blog/life-force-energy

Evolution Yoga. (2019, August 27). Cantar los sonidos de los chakras y el sistema nervioso. Evolution Physical Therapy and Yoga

Flinn, A. (2021, July 19). Guía de auras: Qué son y qué esperar de una lectura. Mindbodygreen. https://www.mindbodygreen.com/0-25407/what-is-an-aura-and-how-can-you-see-yours.html

Holland, K. (2022, January 5). ¿Qué es un aura? 16 preguntas frecuentes sobre ver el aura, los colores, las capas y más. Healthline. https://www.healthline.com/health/what-is-an-aura

¿Cómo hacer una bola de energía chi? (2011, April 28). LEAFtv. https://www.leaf.tv/articles/how-to-make-an-energy-ball-of-chi/

Jain, R. (2019, June 13). Guía completa de los siete chakras y sus efectos. Arhanta Yoga Ashrams. https://www.arhantayoga.org/blog/7-chakras-introduction-energy-centers-effect/

Jain, R. (2020a, August 24). Chakra Muladhara, Chakra raíz - Guía completa. Arhanta Yoga Ashrams. https://www.arhantayoga.org/blog/all-you-need-to-know-about-muladhara-chakra-root-chakra/

Jain, R. (2020b, August 26). Svadhishthana - Chakra sacro: Todo lo que necesita saber. Arhanta Yoga Ashrams. https://www.arhantayoga.org/blog/svadhishthana-chakra-all-you-need-to-know-about-the-sacral-chakra/

Jain, R. (2020c, September 3). Chakra Manipura: Poderes curativos del chakra del plexo solar. Arhanta Yoga Ashrams. https://www.arhantayoga.org/blog/manipura-chakra-healing-powers-of-the-solar-plexus-chakra/

Jain, R. (2020d, September 16). Chakra Anahata - Chakra del corazón: autorrealización a través del amor. Arhanta Yoga Ashrams. https://www.arhantayoga.org/blog/anahata-chakra-heart-chakra-self-realization-through-love/

Jain, R. (2020e, September 22). Chakra Vishuddha: Cómo equilibrar su chakra de la garganta. Arhanta Yoga Ashrams. https://www.arhantayoga.org/blog/vishuddha-chakra-balance-how-to-balance-your-throat-chakra/

Jain, R. (2020f, October 8). Chakra de la corona: La energía divina del chakra Sahasrara. Arhanta Yoga Ashrams. https://www.arhantayoga.org/blog/crown-chakra-divine-energy-of-sahasrara-chakra/

Lindberg, S. (2020, August 24). ¿Qué son los chakras? significado, ubicación y cómo desbloquearlos. Healthline. https://www.healthline.com/health/what-are-chakras

¿Es una HSP un empático? ¿Cuál es la diferencia? (n.d.). Empathdiary.Com https://www.empathdiary.com/messages/are-you-an-empath

Bradberry, M. (2021, 7 de octubre). 7 problemas comunes a los que se puede enfrentar como persona altamente sensible (y qué hacer con ellos) - living better lives counseling LLC living better lives. Living Better Lives Counseling LLC.

https://www.livingbetterlivesnwa.com/blog/2021/10/5/5-common-problems-you-might-be-facing-as-a-highly-sensitive-person-and-what-to-do-about-them

Collins, M. (2020, 7 de octubre). Los 7 principales retos de las personas altamente sensibles, según un terapeuta. Refugio para personas altamente sensibles. https://highlysensitiverefuge.com/top-7-challenges-of-highly-sensitive-people-according-to-a-therapist

Funniest Empath Quiz & More. (n.d.). Empathdiary.Com. https://www.empathdiary.com/quiz

Gestión de personas altamente sensibles. (s.f.). Mindtools.Com. https://www.mindtools.com/pages/article/managing-highly-sensitive-people.htm

Migala, J. (2021, 11 de noviembre). Si es una persona altamente sensible, experimenta el mundo de forma diferente; esto es lo que significa. Health.Com. https://www.health.com/condition/mental-health-conditions/highly-sensitive-person-empath

Parpworth-Reynolds, C. (2020, 13 de mayo). 10 empáticos famosos - algunos de ellos pueden sorprenderle. Subconscious Servant. https://subconsciousservant.com/famous-empaths

QuizExpo. (2021a, 15 de febrero). Test de empatía. Un test 100% preciso que revela si es un empático. Quiz Expo. https://www.quizexpo.com/am-i-an-empath-test

QuizExpo. (2021b, 16 de septiembre). Test de la persona altamente sensible. Test 100% preciso. Quiz

Expo. https://www.quizexpo.com/highly-sensitive-person-test

Sólo, A. (2020, 17 de junio). La diferencia entre introvertidos, empáticos y personas altamente sensibles. Refugio de los altamente sensibles. https://highlysensitiverefuge.com/empaths-highly-sensitive-people-introverts

¿Qué tipo de detalles suelen llamar su atención? (2021, 11 de septiembre). Quiz Expo. https://www.quizexpo.com/wpqquestionpnt/what-type-of-details-usually-caught-your-attention

¿Pueden ayudarme los ejercicios de atención plena? (2020, 15 de septiembre). Clínica Mayo.

https://www.mayoclinic.org/healthy-lifestyle/consumer-health/in-depth/mindfulness-exercises/art-20046356

Scott, E. (s.f.-a). Cómo las personas altamente sensibles pueden reducir el estrés en sus vidas. Verywell Mind https://www.verywellmind.com/ways-to-cope-with-stress-when-highly-sensitive-4126398

Daniels, E. (2021, 16 de septiembre). Por qué tanta gente se pregunta: «¿son psíquicas las personas altamente sensibles?». Dra. Elayne Daniels. https://www.drelaynedaniels.com/why-so-many-people-wonder-are-highly-sensitive-people-psychic

Holland, K. (2022, 5 de enero). ¿Qué es un aura? 16 preguntas frecuentes sobre la visión de las auras, los colores, las capas y más. Healthline. https://www.healthline.com/health/what-is-an-aura

Jon Canas, P. (2021, 6 de septiembre). Las siete capas del aura y su relación con los siete chakras -. PHYTO5 Swiss Quantum Energetic Skincare. https://www.phyto5.us/blog-1/the-seven-layers-of-the-aura-and-how-they-relate-to-the-seven-chakras8/31/2021

Lee, P. de A. (2022, 7 de abril). Hablemos de energía: Entendiendo el mundo de las Auras. Beyogi. https://beyogi.com/inside-the-world-of-auras

Lui, H. C. (2016, 27 de junio). Conozca su Aura y los siete chakras. Parche. https://patch.com/massachusetts/medfield/know-your-aura-seven-chakras

Qué son los campos áuricos y los chakras (2016, 15 de noviembre). Suzanne Worthley. https://sworthley.com/energy-healing/auric-fields-chakras

4 beneficios de las relaciones saludables. (2019, 3 de agosto). Acenda. https://acendahealth.org/4-benefits-of-healthy-relationships

5 razones por las que los estudios dicen que hay que elegir bien a los amigos. (s.f.). Psychology Today. https://www.psychologytoday.com/us/blog/what-mentally-strong-people-dont-do/201504/5-reasons-studies-say-you-have-choose-your-friends

Brennan, T. (2021, 22 de julio). Afirmaciones en las relaciones. Vertellis. https://vertellis.com/blogs/all/affirmations-in-relationships

Groth, A. (2012, 24 de julio). Es la media de las cinco personas con las que pasa más tiempo. Insider. https://www.businessinsider.com/jim-rohn-youre-the-average-of-the-five-people-you-spend-the-most-time-with-2012-7

Meyerowitz, A. (2019, 1 de agosto). Gente tóxica: 7 señales de advertencia de que una persona es tóxica. Red Online. https://www.redonline.co.uk/health-self/self/a28577908/signs-a-person-is-toxic

Pangilinan, J. (2021, 25 de febrero). 35 afirmaciones de relación para hacer crecer su amor juntos. Happier Human. https://www.happierhuman.com/relationship-affirmations

Raypole, C. (2019, 21 de noviembre). Cómo lidiar con las personas tóxicas: 17 consejos. Healthline. https://www.healthline.com/health/how-to-deal-with-toxic-people

Sharie Stines, P. D. (2020, 26 de marzo). Cómo protegerse de la energía negativa de los demás. Psych Central. https://psychcentral.com/pro/recovery-expert/2020/03/how-to-protect-yourself-from-others-negative-energy

Desy, P. L. (s.f.). Vampiros psíquicos: ¿Quiénes son y cómo evitarlos? Aprenda las religiones https://www.learnreligions.com/how-a-psychic-vampire-attack-happens-1724677

Jeffrey, S. (2019, 3 de enero). La guía definitiva de los vampiros energéticos [todo lo que necesita saber]. Scott Jeffrey. https://scottjeffrey.com/emotional-energy-vampires

Melody. (2022, 10 de febrero). 3 tipos de vampiros energéticos y cómo tratarlos. Melody Wilding. https://melodywilding.com/3-types-of-energy-vampires-and-how-to-deal-with-them

15 sencillas ideas de autocuidado para su rutina matutina. (2018, 16 de agosto). Real Food Whole Life. https://realfoodwholelife.com/selfcare/simplified-self-care-for-your-morning-routine

Andersen, N. (2018, 23 de julio). 20 ideas de autocuidado para personas altamente sensibles. Refugio para personas altamente sensibles. https://highlysensitiverefuge.com/self-care-ideas-for-highly-sensitive-people

April Snow, L. (2017, 3 de octubre). Cómo establecer límites como una HSP-. Psicoterapia de corazón expansivo.

https://www.expansiveheart.com/blog/how-to-set-boundaries-as-an-hsp

April Snow, L. (2019, 27 de marzo). Por qué las personas altamente sensibles necesitan un autocuidado significativo -. Psicoterapia de corazón expansivo. https://www.expansiveheart.com/blog/highly-sensitive-self-care

Bjelland, J. (2021, 13 de julio). Cómo establecer límites saludables como una HSP y mejorar sus relaciones. Julie Bjelland. https://www.juliebjelland.com/hsp-blog/healthy-boundaries-and-saying-no

Elizabeth Earnshaw, L. (2019, 20 de julio). 6 tipos de límites que merece tener (y cómo mantenerlos). Mindbodygreen. https://www.mindbodygreen.com/articles/six-types-of-boundaries-and-what-healthy-boundaries-look-like-for-each

Cómo poner límites cuando es una persona altamente sensible. (2020, 22 de diciembre). Thought Catalog. https://thoughtcatalog.com/vanessa-dewsbury/2020/12/how-to-set-boundaries-when-youre-a-highly-sensitive-person

Cómo usar la meditación para aumentar su energía (según un profesor de meditación). (2021, 18 de mayo). FitOn - #1 Free Fitness App, deje de pagar por los entrenamientos en casa.

https://fitonapp.com/wellness/meditation-for-energy

Lawler, M., & Laube, J. (n.d.-a). Cómo empezar una rutina de autocuidado que seguirá. EverydayHealth.Com. https://www.everydayhealth.com/self-care/start-a-self-care-routine

Mackenzie-Smith, K. (2022, 29 de enero). Cómo establecer realmente mejores límites - como una HSP. Refugio para personas altamente sensibles. https://highlysensitiverefuge.com/how-to-actually-set-better-boundaries-as-an-hsp

ruikangma. (2021, 1 de julio). Establecer límites: Límites saludables y sostenibles.

International Coach Academy. https://coachcampus.com/coach-portfolios/research-papers/setting-boundaries

Scott, E. (s.f.). Cómo un autocuidado adecuado puede reducir sus niveles de estrés. Verywell Mind. https://www.verywellmind.com/importance-of-self-care-for-health-stress-management-3144704

Autocuidado para empáticos: 6 estrategias de protección de la energía. (2020, 31 de mayo). Mente femenina desatada. https://femalemindunleashed.com/self-care-empaths

Prácticas de autocuidado que he descubierto como persona altamente densible. (n.d.). Bienestar Minneapolis. https://www.wellnessminneapolis.com/articles/self-care-practices-i-have-discovered-as-a-highly-sensitive-person

Establecer límites: El sí es tan importante como el no. (n.d.). Routledge.Com. https://www.routledge.com/blog/article/setting-boundaries-the-yes-is-as-important-as-the-no

(Sin fecha). Newharbinger.Com. https://www.newharbinger.com/blog/spirituality/boundaries-a-guide-for-empaths-and-sensitives

5 beneficios clave de establecer intenciones. (n.d.). Silk + Sonder. https://www.silkandsonder.com/blogs/news/5-key-benefits-of-setting-intentions

Bailey, K. (2018, 31 de julio). 5 poderosos beneficios para la salud de llevar un diario. Intermountainhealthcare.Org. https://intermountainhealthcare.org/blogs/topics/live-well/2018/07/5-powerful-health-benefits-of-journaling

¿Funcionan las afirmaciones? Sí, pero hay una trampa. (2020, 1 de septiembre). Healthline. https://www.healthline.com/health/mental-health/do-affirmations-work

Dogra, T. (2021, 5 de febrero). ¿Qué es la meditación de los chakras? He aquí una guía de sus beneficios físicos y emocionales. OnlyMyHealth. https://www.onlymyhealth.com/chakra-meditation-guide-to-physical-emotional-health-benefits-1612504299

Dunn, S. T., Sinrich, J., Nelson, C., Clean Eating, & Smith, M. D. (2015, 19 de junio). 10 razones para comer limpio. Clean Eating. https://www.cleaneatingmag.com/clean-diet/10-reasons-to-eat-clean

Erin Heger, S. C. (2020, 16 de diciembre). 7 beneficios respaldados por la ciencia de beber agua - y la cantidad de agua que debe beber cada día. Insider. https://www.insider.com/benefits-of-drinking-water

Alimentos que absorben la energía negativa y la forma correcta de usarlos. (2020, 30 de julio). Times of India. https://timesofindia.indiatimes.com/life-style/food-news/foods-that-absorb-negative-energy-and-the-right-way-to-use-them/photostory/77244737.cms?picid=77245049

Girdwain, A. (2020, 26 de abril). 5 beneficios de la salvia, según un herbolario. Well+Good. https://www.wellandgood.com/sage-benefits

Golden, J. (2020, 29 de enero). 7 sencillas herramientas para limpiar la energía negativa de su espacio. Mindbodygreen. https://www.mindbodygreen.com/0-17791/7-simple-tools-to-clear-negative-energy-from-your-space.html

Cómo la limpieza puede afectar a su salud mental. (2020, 18 de mayo). The Cleaning Collective. https://www.thecleaningcollective.co.uk/news/cleaning-tips/how-cleanliness-can-affect-your-mental-health

INTEGRIS Health. (n.d.). Haga que salir al exterior forme parte de su rutina diaria. Integrisok.Com

Moncel, B. (s.f.). Salvia: Un sabor terroso que se añade a una gran cantidad de platos. The Spruce Eats. https://www.thespruceeats.com/what-is-sage-1328645

Rekstis, E. (2022, 21 de enero). Todo lo que necesita saber sobre los cristales curativos y sus beneficios. Healthline. https://www.healthline.com/health/mental-health/guide-to-healing-crystals

Saviuc, L. D. (2021, 15 de mayo). Escudo y protegerse de las energías negativas: Meditación guiada. Purpose Fairy. https://www.purposefairy.com/76337/shield-yourself-negative-energies

Los 10 principales beneficios de la respiración. (2020, 24 de febrero). Frequencymind.Com.
https://www.frequencymind.com/blog/top-10-benefits-of-breathwork

Ver todas las entradas de The Vibe With Ky. (2020, June 13). 3 beneficios de hablar por usted mismo. The Vibe With Ky.
https://thevibewithky.com/2020/06/13/3-benefits-to-speaking-up-for-yourself

30 afirmaciones sanadoras para ayudarle a conseguir la paz interior. (2018, 29 de mayo). ThinkUp App. https://thinkup.me/healing-affirmations

Nicholls, K. (2019, 10 de mayo). 6 consejos para ayudar a proteger su energía empática. Happiful Magazine. https://happiful.com/6-tips-to-help-protect-your-empath-energy

O'Connor, S., Indries, M., Varshney, P., Schettler, R. M., Hunter, F., & Husler, A. (2017, 15 de diciembre). 16 poses de yoga para mantenerse conectado a tierra y presente. Yoga Journal.
https://www.yogajournal.com/practice/yoga-sequences/16-yoga-poses-to-keep-you-grounded-present

Pizer, A. (n.d.). ¿Cómo se hace Tadasana, la postura de la montaña del yoga? Verywell Fit. https://www.verywellfit.com/mountain-pose-tadasana-3567127

La técnica de conexión a tierra 54321 para la ansiedad. (2020, 29 de junio). Blog de Insight Timer. https://insighttimer.com/blog/54321-grounding-technique

Borchard, T. J. (2010, 28 de marzo). 5 Gifts of Being Highly Sensitive. Psych Central. https://psychcentral.com/blog/5-gifts-of-being-highly-sensitive

lauraschwalm. (n.d.). Los Dones Espirituales de la Empatía y la Sensibilidad (HSP). Pure Energy Healer https://pureenergyhealer.com/2013/10/17/the-spiritual-gift-of-empathy-and-sensitivity-hsp

Gaster, K. (2021, 16 de julio). 6 pasos para canalizar su sensibilidad como un poder. Refugio para personas altamente sensibles. https://highlysensitiverefuge.com/6-steps-to-channeling-your-sensitivity-as-a-power

Las diferencias entre las personas altamente sensibles y los empáticos. (n.d.). Psychology Today. https://www.psychologytoday.com/intl/blog/the-empaths-survival-guide/201706/the-differences-between-highly-sensitive-people-and-empaths

Granneman, J. (2014, 18 de octubre). 14 ventajas de ser altamente sensible. IntrovertDear.Com. https://introvertdear.com/news/highly-sensitive-person-advantages

Campbell, L. (s.f.). ¿Qué es un empático y cómo saber si lo es? Verywell Mind https://www.verywellmind.com/what-is-an-empath-and-how-do-you-know-if-you-are-one-5119883

Scott, E. (s.f.). ¿Qué es una persona altamente sensible (HSP)? Verywell Mind. https://www.verywellmind.com/highly-sensitive-persons-traits-that-create-more-stress-4126393

STC. (2021, 19 de mayo). Vivir la vida como una persona altamente sensible (HSP). Straight Talk Clinic. https://www.straighttalkcounseling.org/post/living-life-as-a-highly-sensitive-person-hsp